STYLE OF HOSHIBA

ビジネスシーンを基本に、
旅、カジュアル、フォーマルまで。
すべて愛用品で
干場スタイルをご紹介！

STYLE 1

スーツは基本のネイビーかグレー。シャツは白か水色の無地。柄をあまり使わず、落ち着いた印象のシックで上品なスタイルが干場流。

スーツ／カスタムテーラービームス、シャツ／インダスタイル、ネクタイ／ブルネロ クチネリ、ポケットチーフ／ムンガイ、腕時計／カルティエ、バッグ／ペッレ モルビダ、シューズ／ダブルエイチ

STYLE 2

スーツには、ネイビーのカシミアのチェスターフィールドコートを合わせるのが干場流。ポイントは最高の手触りと発色を生むストール。

コート／ブルネロ クチネリ、スーツ／B.R.SHOP、ストール／ロロ・ピアーナ、シャツ／カミチャニスタ、ネクタイ／ブルネロ クチネリ、ベルト／ジャン・ルソー、腕時計／カルティエ、メガネ／モスコット、バッグ／ペッレ モルビダ、ソックス／ナッソー、シューズ／ダブルエイチ

STYLE 3

ストレッチ性の高いジャージ素材のスーツとはいえ、カジュアルに見せないのが干場流。グレー×黒というミニマム配色で男性的に。

スーツ／ユニバーサルランゲージ、シャツ／インダスタイル、ネクタイ／エルメス、ポケットチーフ／ムンガイ、ベルト／エルメス、腕時計／ショーメ、メガネ／オリバーピープルズ、バッグ／ペッレ モルビダ、ソックス／ナッソー、シューズ／ジョンロブ

STYLE 4

海が見えるレストランへ。といった春夏の休日スタイルは、背景に溶け込む爽やかな紺×白の配色が命。革の色も統一するのが干場流。

ジャケット／エルメネジルド ゼニア、ポロシャツ／ザノーネ、ポケットチーフ／ムンガイ、ベルト／ジャン・ルソー、キーチェーン／ミワ、腕時計／ティファニー、パンツ／インコテックス、サングラス／レイバン、バッグ／ペッレ モルビダ、シューズ／トッズ

STYLE 5

カジュアルでも許される仕事の日は、ネクタイをせずにリラックス。細部に至るまでネイビー、白、グレー、ブラウンの王道配色が干場流。

ジャケット／キートン、シャツ／カミチャニスタ、ポケットチーフ／ムンガイ、ベルト／ジャン・ルソー、キーチェーン／ミワ、腕時計／セイコー、パンツ／インコテックス、メガネ／ジョルジオ アルマーニ、バッグ／ブルネロ クチネリ、ソックス／ナッソー、シューズ／ダブルエイチ、コート／ムーレー

STYLE 6

大好きな船旅に行くときは、ドレスコードの「エレガントカジュアル」なスタイルで。ネイビーブレザーに白パンツで上品なカジュアルで！

ブレザー／オールドイングランド、ニット／ザノーネ、ポロシャツ／ザノーネ、キーチェーン／ミワ、腕時計／ロレックス、パンツ／インコテックス、サングラス／レイバン、ボストンバッグ／ルイ・ヴィトン、スニーカー／ダーミ

STYLE OF HOSHIBA

STYLE 7

長時間の飛行機に乗るときは、汚れても、傷がついても気を遣わなくて済む、男っぽいデニムのカジュアルスタイルで行くのが干場流。

ライダーズジャケット／ベルスタッフ、Tシャツ／ギャップ、デニム／ダブルアールエル、ベルト／エルメス、腕時計／カルティエ、ボストンバッグ／ルイ・ヴィトン、ブーツ／ドルチェ&ガッバーナ、サングラス／レイバン

STYLE 8

「ブラックタイで」というガラディナーやパーティへは、ビシッとタキシードで。あえてのダイバーズウォッチは『007』のスタイルに倣って。

タキシード／タキザワシゲル、シャツ、ボウタイ、カマーバンド／すべてブリオーニ、ポケットチーフ／ムンガイ、腕時計／カルティエ、クラッチバッグ／ペッレ モルビダ、ソックス／ナッソー、シューズ／ジョンロブ

世界のエリートなら誰でも知っている

お洒落の本質

スーツの着こなし術から世界の一流品選びまで

千場義雅
Hoshiba Yoshimasa

PHP新書

はじめに

僕が語るファッション哲学に一貫しているのは、「移り変わる流行のものより、普遍的な美しいものを」「多くの粗悪なものより、少しの上質なものを」ということです。

僕が選ぶ洋服は、ベーシックなものがほとんどです。コーディネイトも限られたパターンしかありません。それは一緒であることが、僕の「スタイル」だからです。

ちなみに、スタイルという言葉を調べていくと、「体つき」「姿」「格好」「型」とあります。つまり自分のスタイルとは、自分の型ということ。僕はこのスタイルというものを、自分のなかにいち早く築きたい。だからこそ、自分の型を崩さないように心がけています。それは、自分のスタイルを持っているお洒落は、着る洋服に左右されるのではなく、結局は中身なのだという確信があるからです。

流行とは「流れて行く」と書きます。トレンドに合わせて流れて行ってしまう洋服は一時的にしか使うことができず、その人のスタイルを築くことができません。もちろん、時代の移り変わりや技術の進歩によって、よりよい洋服が出てくるのは当たり前です。企業努力や研究を重ね、より魅力を高めたものを世に送り出しているブランドやメーカーはたくさんあります。しかし、スタイルを築くという意味で、流行ばかりを追ってしまっていては、男性としての核（本質）を見失ってしまうことにつながります。若いころに、世間を知るという意味で流行に流されることは、そんなに悪いことではないかもしれませんが、年齢を重ねた大人の男性にとって、それはまさにトゥーマッチ（やりすぎ）です。ダサいとまでは言わないものの、カッコいいとは言えません。

かの白洲次郎（一九〇二〜八五年）氏のダンディズムがそうであったように、中身が素敵な人であるからこそ、その人ならではのスタイルが確立されていくと思うのです。

僕がこのような考え方に至ったのは、これまで出会ってきた素晴らしい方たちの存在が大きいと思っています。P.75〜のコラム②で詳述しますが、イタリアを代表する最高級服地メーカー「ロロ・ピアーナ（Loro Piana）」のトップである、故セルジオ・ロロ・ピアーナ氏と、ピエール・ルイジ・ロロ・ピアーナ氏。このご兄弟は、着こなしはもちろん、生き方そのものが素晴らしい。とくに弟のピエール・ルイジ・ロロ・ピアーナ氏からは、男性としての大きさや、優雅さ、大胆さを、僕はいつも学ばせてもらっています。また、イタリアが誇る高級ファッションブランドである「トッズ（TODS）」グループの会長兼CEOであるディエゴ・デッラ・ヴァッレ氏。彼も、その人柄や趣味、生き方のすべてが本当にカッコいい方です。

この三人と出会えた私は、とても運がよかったのかもしれませんが、そういった海外での経験が、僕のファッション哲学をつくり上げたのは間違いありません。この錯綜（さくそう）する情報社会において重要なことは、本質とは何かを見抜くこと。本質を探らなければ、スタイルの核となるものは見えてきません。

本書では、僕の経験などから導き出したスタイルの本質、世界のどこでも恥ずかしくない、インターナショナルスタンダード（グローバルスタンダード）を基本として考えた、本質的にカッコいいスタイルを提案したいと思います。

二〇一六年四月

干場義雅

世界のエリートなら誰でも知っている お洒落の本質

目次

第１章　スーツ

第２章　シャツ

第4章　シューズ

コラム④　ショップとのつき合い方　

第5章　時計

第6章　服飾小物（ネクタイ・チーフ・ロングホーズ）

序章

過ぎたるは猶及ばざるが如し

「ノットファッション、バットスタイル」

洋服とは、他人に与える印象が大きいものです。だからこそ、TPPO（タイム・プレイス・パーソン・オケージョン）を意識してコーディネイトする必要があると思っています。いつどんなときに、どんな場所で、どんな人と、どんな目的で会うかということを踏まえて、何が自分にとって必要なのかを見極めてから洋服を選ぶようにする。僕は、メディアに出演する際によく、「ノットファッション、バットスタイル」という言葉を使っていますが、ファッションそのものが大切なのではなく、その人の中身を含めたスタイルがとても重要であるということを意味します。

僕の場合は、まず洋服を選ぶ際には素材選びを基準に考えています。「はじめに」でも述べましたが、流行に左右されるデザインを基準に選ぶことはありません。なぜなら洋服の形というものはすでに完成しているものがほとんどで、アバンギャルド（前衛芸術）なデザインの洋服は、大人の男性にはトゥーマッチだからです。

「過ぎたるは猶及ばざるが如し」という言葉をご存じでしょうか？ これは、何事もやりすぎることは、足らないことと同様によくないという、春秋時代の中国の思想家・孔子（紀元前552～479年）の教えです。

この言葉は洋服選びにもそのまま当てはまると思っています。デザインばかりを重視して、ムリに新しい流行のスタイルを採り入れてしまうと、逆にスタイルがないものと見なされ、その人自身の評価を大きく下げてしまいかねません。また素材という点でも、上質なものは当然、丈夫なものがほとんどです。ベーシックなものであれば、流行り廃りなく古びることも少ないため、長く愛用することもできます。そうやって大切にしてきたものを、いずれ子どもたちに受け継いでいく……なんていうことも、とても素敵なことですよね？ 本書の読者にはそういう長くつき合える洋服選びをしてもらいたいと思っています。

世界中どこでも通用するスタイルとは？

本書では、スーツやシャツ、シューズを含めた一般的なビジネススタイルを、アイテムごとに各章に分けて提案していきますが、まずはビジネスマンとしてスーツを正しく着こなすことが重要です。インターナショナルスタンダード（国際標準）であり、ビジネス用語で言えばグローバルスタンダード（世界標準）です。やはり、男性としていちばん大切なのは、仕事ができること。仕事という字は「事(こと)を仕(つかまつ)る」と書きますが、仕るというのは、他人からの信頼があってこそ成立します。だからこそビジネスマンには、他人から信頼される服装術が必要なのです。

実際、日本のビジネスマンのスーツスタイルは、昔に比べてかなりよくなっていると言えると思います。たとえ安価のスーツを着ていたとしても、最低限のマナーとして、スニーカーやサンダルを履いたりする人はいません。それは、相対的に日本のファッションのレベルが上がったことにも通じていると思います。しかし、美しいスーツスタイルであるかと言えば、少し違います。

イタリアのファッションにも精通し、国内外からも高い評価を受けている服飾評論家の故・落合正勝さんが、これまでに出版してきた著書〈『[新版]男の服装術』(PHP研究所)ほか〉のなかでも書いているような、クラシックなスーツスタイルとは、まだまだ雲泥(うんでい)の差があります。それどころか、多くのメディアで紹介される、〝まあまあ〟のスタイルが一般化したことにより、全体的なレベルは向上したものの、スタイルを深く追求した本当にカッコいいと呼べる人は、昔より少なくなってしまったのではないでしょうか。

それこそ、前述した落合さんをはじめ、「日本のプリンシパル」と呼ばれた白洲次郎さんや、日本初の洋品店「信濃屋」の顧問を務める白井俊夫さん、さらに、ファッションディレクターの草分け的存在である赤峰幸生さん、多くのイタリアのブランドを日本に紹介した成毛賢次さんといった、男性服飾業界のレジェンドたる方々のように、何が美しく、何が上質かという、洋服の本質を熟知するカッコいい人が少なくなってしまった印象があります。いい意味でも悪い意味でも、日本人のスタイルは平均化されてしまっているのかもしれません。

一方で、世界で成功を収めている各国のトップリーダーと呼ばれる人たちは、そういった洋服の本質を学び、熟知しています。仕事ができて、他人と信頼関係も築くことができる服装術、インテリジェンス（知性）を身につけているのです。その本質というのは、ただ高級な洋服を身につければいいということでは決してなく、自分にフォーカスが当たるベーシックな洋服を選ぶことができるのはもちろんのこと、確立された自分のスタイルを持つということでもあります。洋服を身に纏う身体そのものが、健康で清潔であり、自分が持ち合わせた能力を、いつでも発揮できる状態であるということも含めての本質なのです。

これらは服装術とは言いがたい、人間としてとても根本的なことですが、逆に見失いがちなことでもあります。世界で活躍する政治家や会長、社長クラスのことを思い返せば、その着こなしではなく、人物そのものが思い浮かぶと思います。それが、インターナショナルスタンダードなスタイルということなのです。つまり、日本だけという視点のみでなく、世界中どこでも通用するスタイルをつねに心がけるということが、本当の意味で完璧なスーツスタイルなのではないでしょうか。

いかに自分のスタイルを確立していくべきか

このインターナショナルスタンダードなスーツスタイルは、この先もしばらくは変わらないでしょう。ここ十年くらいを振り返ってみても、すでに完成形に近づいていると考えられます。では、落合正勝さんが言われているような、クラシックなスーツスタイルが、インターナショナルスタンダードとして正解なのかと言えば、そうだと言い切ることもできません。

美しいスーツスタイルという点では正解かもしれませんが、イギリスで生まれた紳士のスーツスタイルというのは、格式も高く、決まりごとにも厳しい世界です。それを一般的なビジネスマンがすべてマネするのは、とてもたいへんなことだと思います。何事も、その人の身の丈に合った基準というのがあるのは当然のこと。外見で背伸びをしすぎて、肝心の中身が疎かになってしまっては、まったく意味がなくなってしまいます。

じつはこれも「過ぎたるは猶及ばざるが如し」。やりすぎはダメ。その時点でトゥーマッチになってしまいます。時代の移り変わりとともに、メーカーは企業努力を重ね、生地や縫製など、さまざまな技術が進化を続けています。高級テーラーでなくても、セレクトショップが適正価格で良質なスーツを販売する時代となりました。必ずしもクラシックなスタイルを追求しなくても、どこでも通用する着こなしができるようになってきています。僕は、一般的な仕事をしている人ならば、それで十分だと思います。しっかりとした基準を持ち、中身を整え、そして当たり前の生活を送りながら、仕事に邁進（まいしん）すること。それが本当の意味でのインターナショナルスタンダードなのではないでしょうか。

ここからは、世界のトップリーダーが実践するインターナショナルスタンダードを踏まえたうえで、日本のビジネスマンが、いかに自分のスタイルを確立していくべきかを、僕なりのモノサシで具体的にレクチャーしていきたいと思います。本書を読めば必ずしも正解に直結するというわけではなく、本書を読むことが、みなさんが洋服の本質へたどり着くための道標（みちしるべ）となればと思っています。

第1章 スーツ

打ち込みのしっかりした生地を選ぶ

まずは、僕のスーツスタイルの具体的なこだわりから紹介します。僕はスーツを買う場合、いつ着るものなのかを第一に考えるようにしています。日本には春、夏、秋、冬という四季があるため、スーツをシーズンに合わせる必要があるからです。

そこで、大きく分けて春夏用と秋冬用という感じで、スーツの生地を変えるようにしています。春夏用ならばサマーウール。ウールでも少し薄手の生地を選び、秋冬用ならばウール。いわゆるフランネルやフラノという厚手の生地を選びます。そして、そのなかでも打ち込みのしっかりした生地を選ぶようにしています。

スーツの生地を選ぶ際、打ち込みがしっかりした生地とか、打ち込みがあまい生地などと言いますが、打ち込みがしっかりした生地とは、織りの密度が高い生地のことを指します。織りの密度が高い生地は、それだけ多くの糸を使っているし、きちっと織られているので、生地がしっかりしています。そういう生地は、スラックスを履いたときに膝(ひざ)の部分だけが伸びてしまう、いわゆる「膝が抜ける」心配も少なく、クリース（折り目）もしっかり入ります。つまり、結果的に美しくスーツを着ることにつながるのです。

そして、なによりも打ち込みのしっかりした生地は丈夫です。常用として、一日おき、または二日おきに袖を通す一般的なビジネスマンにとって、すぐにダメになってしまう腰のない生地のスーツはトゥーマッチです。イギリス製のヴィンテージ生地などは、打ち込みがしっかりした生地が多いのですが、これは、それだけ丈夫な生地でスーツをつくれば、子どもの代まで着ることができるという考え方で、そもそも長く着ることを前提としています。昔のスーツはそれだけ丈夫なものが主流だったということです。

ただ、この昔のイギリスの生地というのはきわめて肉厚で、いまでは野暮ったい印象になってしまうことが多いのも事実。そうなると、一般的なビジネスマンが着るには不釣り合いになってしまいます。打ち込みがしっかりしていると言っても、ちょうどいいバランスのものを選ぶことが、生地選びのポイントというわけです。

僕の持っているスーツの生地で言えば、打ち込みのしっかりした生地のものは、防水加工

干場流スーツ選びの基準

JACKET

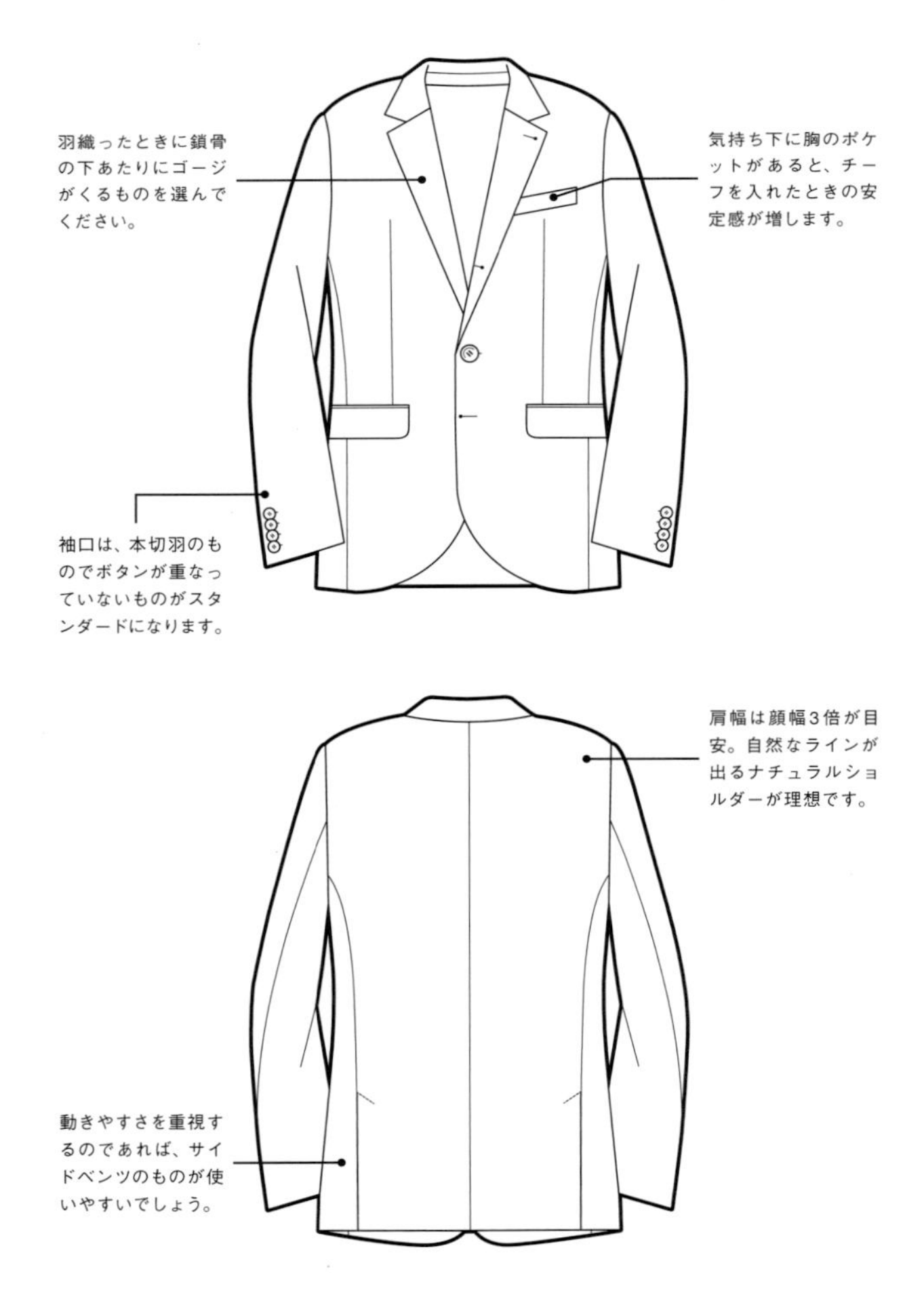

PANTS

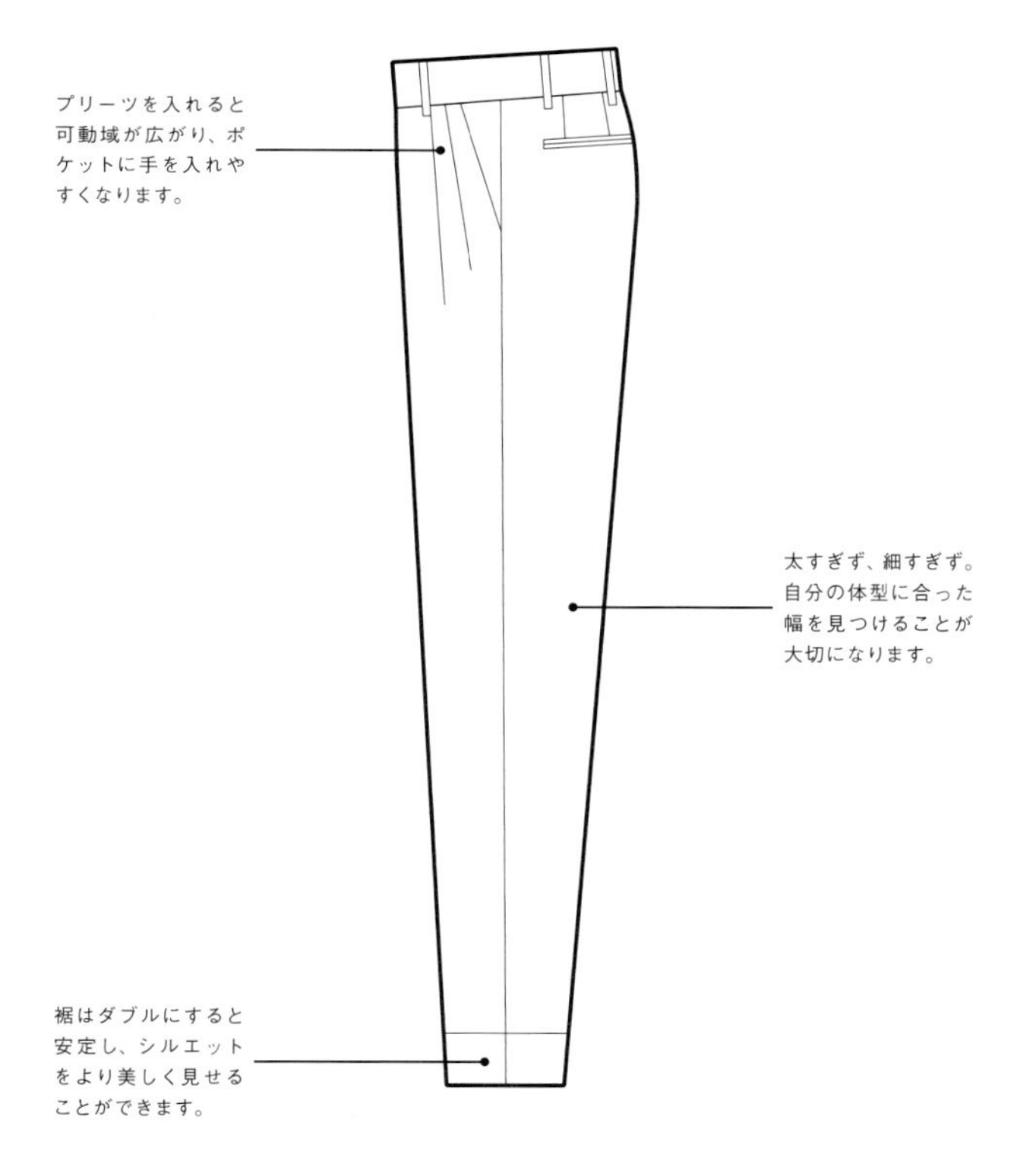
プリーツを入れると
可動域が広がり、ポ
ケットに手を入れや
すくなります。
太すぎず、細すぎず。
自分の体型に合った
幅を見つけることが
大切になります。
裾はダブルにすると
安定し、シルエット
をより美しく見せる
ことができます。

されていなくても水が染み込みづらいという撥水性の利点があります。せっかく買ったスーツが、たった一度の雨やワインをこぼして使えなくなってしまっては、なんとももったいない話。そういう観点からも、生地選びは大切な作業なのです。

グレードにはとらわれず、耐久性や機能性も考慮

スーツの生地選びには、そういった機能面を意識する必要がありますが、機能面を重視するという意味では、ストレッチ性のある生地を選ぶ人も少なくないと思います。たとえば、営業職などで外回りが多い人は、そういう生地を選択するのも悪くないでしょう。

しかし、ストレッチ性のある生地に含まれるナイロンなどの化学繊維は、天然繊維と比べると伸びやすいという難点もあるため、ストレッチ性がありすぎると、今度は膝が抜けやすくなってしまうので注意が必要です。ストレッチ性のある生地を選ぶ場合は、ほんの少し、数%の配合のもので、ちょうどいいバランスの生地を選ぶのがコツでしょう。

ちなみに、生地のグレードとして「SUPER◯◯」という表記がありますが、これは、そのままスーパーと読み、たとえば「SUPER100」と書いてあれば、一kgの原毛で、百kmの糸をつくることができるという意味です。

そう言われてもピンとこない人も多いと思いますが、この数字が大きくなれば、それだけ細い糸を使用しているということ。つまり高級な生地などでよく見る「SUPER160」といった生地は、それだけ細い糸を紡(つむ)いでいて、高品質であるという意味になり、軽くて着心地がよく、ツヤがある生地になります。

ただ、ビジネスマンが常用として着るスーツにこういった高級生地を選ぶのは、これもまたトゥーマッチ。スーツは美しく着るものですが、美しさを重視した高級生地のスーツは弱いこともあるので、パーティなどにだけ着ていけばいいのではないでしょうか。

オーダーでいちからスーツをつくる場合でも、既成品のビジネススーツを購入する場合でも、ただ表記を見たり聞いたりするだけではなく、生地をしっかりと自分の手で触り、丈夫さを確かめてみるのも、とても重要なことなのです。

スーツ生地の耐久性や機能性は、技術の進歩により良質なものが次々に開発されています。イタリアにおいても、スーツのルーツがイギリスにあることに敬意を表し、イギリス流の丈夫な生地をつくるような潮流が、ここ数年続いています。イタリアでいえば、「エルメネジルド ゼニア（Ermenegildo Zegna）」や「ロロ・ピアーナ」など、長年スーツをつくり続けている老舗の紳士服や服地メーカーがまさにそうですが、最近では薄手でも丈夫で強い生地がどんどん登場してきているのも事実です。

これは人間が、いいものをつくろうと努力し、進化する生き物であるからこそ。ドイツ車のポルシェを評して「最新こそ最良」という言葉がありますが、洋服でも同様で、最新の生地に触れることは、いまの時代の流れを知るという意味でも、大切な要素であると考えています。

トレンドに敏感な日本のセレクトショップも、そういった技術の進歩に対応し、よくできたスーツを扱うところも少なくありません。ただ高級だから、ただ見た目がカッコいいから、といったイメージだけでなく、耐久性があるものであるとか、機能性の高いものであるとか。そういった観点から生地を選んでみるのもいいのではないでしょうか。

色はグレーかネイビーで、ベーシックでノーブルな印象のものを

スーツの色は、グレーかネイビーがグローバルスタンダードです。冠婚葬祭用にブラックスーツも用意していますが、ビジネススタイルという意味では、グレーとネイビーの二色があれば十分です。そのなかでも、いちばん多く僕が着るという意味で言えば、ミディアムグレーと、あまり一般的な呼び方ではないかもしれませんが、ミディアムネイビーです。ちなみに、チャコールグレーという色をよく耳にすると思いますが、このチャコールとは英語で木炭のこと。つまり木炭のように暗いグレーになります。

このように、グレーやネイビーにも色合いがあり、季節によってちょうどいい色合いを選ぶ必要があります。夏になって暑くなってきたら明るい色合いで涼しげに、冬になって寒くなってきたら少し暗い色合いで重厚に見せるというのが、僕の色選びの基準になっています。では、春と秋はというと、いちばん着られる時期が長いという意味で、中間のミディアムグレーとミディアムネイビーを選びますです。

だからこそ、長く着ることのできる最初の一着を購入するのであれば、このミディアムの色合いを狙うべきです。まさに、いわゆるグレー、いわゆるネイビーという色が、このミディアムな色合いだと言っても過言ではないと思います。

季節によって色合いを変えるわけですが、梅雨の時期などはとくに色合いに気を遣っています。たとえば急な雨が降ってきたときに、スーツにポツポツと雨のシミができてしまっては、みすぼらしく見えてしまいます。そうならないためにも、雨が振りそうなときであれば、なるべく暗いトーンの色合いのものを選んだほうがいいでしょう。そういった季節感だけでなく、天候などにも気を配った色選びができるようになると完璧だと思います。

そして、柄などの生地の視覚的なことに関してですが、生地に目が行きすぎないものを選ぶこと。これはとても重要です。やはり、いちばん大切なのはスーツを着る人の中身であり、自分自身です。しっかり自分に目を向けてもらえるものを選ぶべきであり、ビジネススタイルであれば、派手なストライプが入った生地などは選ぶべきではないと思います。生地が派手すぎると、他人の目は生地の柄にばかりに行ってしまい、スーツそのものの印象だけを残してしまいます。生地の柄などを選ぶ際は、自分の体格や身長に合った、きわめてベーシックでノーブルな（高貴な）印象のものを選ぶのも、大きなポイントなのです。

自分の体型に合わせて、本当に似合うものを探す

スーツを着こなすという意味で大切にしたいのが、美しく着るということです。そのためには、スーツを着る自分の体型のことを、しっかり考えなければいけません。

いまの日本では、若者を中心に細身のスーツが流行していますが、ただ細身のスーツを着ていればいいのかというと、もちろん違います。着る人の体型があまりにも細すぎて貧弱に見える場合は、少しゆとりのあるものを選び、堂々と風格が出るようにしてあげなければいけません。成熟した男性像に少しずつ寄せるというわけです。

ひとつの基準値として、スーツを着こなすバランスがいちばん美しく見えるのは、身長が百八十㎝の人だと思っています。これは、インターナショナルスタンダードな身長という意

味でもまさにそう。日本人の平均身長は、二十代〜四十代の男性で百七十一cm後半です。しかし、世界的に見るとそれはもう少し大きく、百八十cm前後になるのではないでしょうか。

スーツの美しさの定義とは、やはり、インターナショナルスタンダードであることだと思うので、この世界基準値の身長を意識した着こなしを心がけたいもの。わかりやすく言えば、俗に「スーパーモデル」と呼ばれる世界のトップモデルは、九頭身、十頭身という抜群のスタイルです。美しいという意味では美しく見えるのかもしれませんが、あまりにもスタイルがよすぎて、スタンダードとは言えません。なぜなら世界中を見渡しても、こういう体型の人間は稀(まれ)であるからです。

逆に、スタイルに自信がなく頭が大きいという、六頭身の昭和体型の人であれば、少し頭身を上げるように見せなければいけません。頭が歩いているように見えても、それはカッコいいスーツスタイルとは言いがたいですから。

つまり、八頭身、七・五頭身の人がいちばん美しく見えるということ。これもやはり「過ぎたるは猶及ばざるが如し」で、なるべく「普通」に寄せた着こなしを意識する必要があります。

その意味では、スーツを着こなすためにはまず、自分の体型を知らなければいけません。インターナショナルスタンダードを基準に、スーツをいかに自分にフィットさせていくのかという探求は、自分を知るという意味で人生の勉強にもなると、僕は思っています。世間の流行がこうだから……ということに惑わされるのではなく、自分の体型に合わせて本当に似合うものを探していくことが、スーツの着こなしではとても重要なことだと思っているのです。

インターナショナルスタンダードは三つボタン段返り

スーツのデザインでインターナショナルスタンダードなのは、三つボタン段返りのスーツです。二つボタンでも問題ありませんが、一つボタンはトゥーマッチです。

段返りというデザインはアメリカが発祥と言われていますが、シャツの見えるVゾーンを美しく見せるという意味でも、この三つボタンの段返りが世界的に主流となっています。この段返りの特徴は、いちばん上のボタンはラペル（襟）にかかって付けられていて、ラペルの返りの部分に隠れてしまうデザインであること。そしてボタンを留めるのは中央のひとつだけ。それがまさしくインターナショナルスタンダードであり、テレビなどで確認しても、世界のトップリーダーたちのほとんどがこの形のスーツを愛用しています。

この三つボタンの各ボタン位置のバランスは、中央のボタン位置に対して上下がコンパクトにまとまっているほうがいいと思います。最近のスーツは、全体的にジャケットの着丈が短いものが増えています。だから、ボタンの間隔が広いと間延びしてバランスが悪くなります。コピー機で縦に縮小をかけただけのように、着丈だけ短くなってしまうと、ボタンを留めたときにアンバランスになってしまうのは当たり前です。

三つボタン段返りのスーツの場合、中央のボタンをかける位置は、ヘソの位置というのがセオリーですが、僕は少しだけ上げて、腹筋のいちばん上くらいに設定しています。じつはこの位置もバランスが大切で、高すぎても低すぎてもトゥーマッチです。

着丈にしても、風格を残しつつも、軽やかに見えるというのがいまの潮流なので、そういったトータルでバランスのいいスーツを選ぶといいと思います。

また、後ろ身頃に入るベントに関しては、動きやすさを重視するのであればサイドベンツがいいでしょう。もちろん、ノーベントスーツはフォーマルスーツの基本形ですし、シングルジャケットであればセンターベントでもすっきりとしたイメージとなるので、問題はありません。しかし、仕事をするために着るビジネススーツとしてもっとも適していると思うベントは、やはり動くときの利点が備わっているサイドベンツなのです。

ビジネススーツという意味で、シングルスーツの話をしていますが、決してダブルのスーツが悪いわけではありません。ダブルはシングルよりもフォーマルで、ダブルよりもフォーマルというとスリーピースになります。最近のダブルのスーツは細身なものも多く、身長のある人や太めの人などはダブルのスーツを着るのもいいと思います。ダブルのスーツを着る場合は、もっともベーシックという意味で、六つボタンのひとつ掛けを基本にするのがいいでしょう。

それにポケットは、普通のフラップポケットで問題はありません。このフラップは、雨が入らないようにという実用的な理由から付いています。スーツというのは、屋外でも室内でも着るものです。屋外で着る場合はフラップを出して、室内で着る場合はフラップを隠して両玉縁（りょうたまぶち）のように見せることもできます。そうやって使い分けることも可能です。

風格を醸し出すためには、胸ポケットの位置にもこだわる

僕はラペルの幅を必ず七・五～八㎝にしています。このラペルはスーツの印象を大きく左右する部分でもあり、いい仕立てを見極めるポイントにもなります。サイズも、大きすぎたり小さすぎたりせず、しなやかなものがいいとされています。このラペルの大きさや形を、流行に合わせて変えるブランドのスーツは、あまりおすすめできません。

そして、上襟と下襟を区切るゴージラインの位置も高すぎず低すぎず、羽織（はお）ったときに鎖骨の下にしっかり収まるようなものを選択するといいでしょう。たまに、このゴージラインの位置が極端に高いものや低いものがありますが、ゴージラインの傾斜角、ノッチ（V字型の

刻み）の位置などによっては、カジュアルなスーツという印象を与えてしまうので注意が必要です。

　このラペルとの関係性という意味で、僕がとくに重要視しているポイントは、胸ポケットの位置。既成品のスーツを買う場合、胸ポケットの位置にこだわって買う人はそういないと思いますが、ポケットチーフを入れた際、その位置が高すぎると安定感がなくなってしまいます。スーツを着たときに大事なことのひとつとして、いかに風格を醸し出すかということも忘れてはいけません。

　よく若者たちが着るスーツにありがちなのは、胸ポケットが高めの設定になっているものです。こういうスーツを一般のビジネスマンが着てしまうと、地に足が着いていない、浮ついた印象を与えてしまうと思います。やはり、スーツはある程度の威厳や安定感があったほうがカッコいい。そのためにも、胸ポケットの位置は少しだけ低めに設定して、チーフを出したときに生まれる安定感を考慮することを心がけてほしいと思っています。

　既成品を買う場合でも、試着したときに鏡で確認して、自分で胸ポケットの位置が高めだと感じたら、そのスーツは買わなくていいでしょう。既成品の場合、ポケットの位置は調整できないので、そのスーツは救う余地がないスーツと言えます。

胸ポケットの位置として目安となるのは、ちょうど胸の中心、乳頭の上のあたりがベストなポジション。これも自分の体型に合わせていちばん美しい位置を見つけると、スーツを買うときの大きな目安となるはずです。

また、ビジネススーツを買うのに、胸ポケットが生地を貼り付けたようなパッチポケットを選ぶのは、もちろんナンセンス。とくに胸ポケットのデザインは、普通の箱ポケットや、よりイタリアっぽいバルカポケットが最適です。逆に、胸ポケットがないタイプのスーツも存在しますが、ビジネススーツでは胸ポケットがあるものがスタンダード。

クラシックスーツをよく知る落合正勝さんも、「スーツで重要なのは、極端なことをいえば胸から上だけである」と言っていますが、ラペル、ゴージライン、ノッチ、胸ポケットなど、スーツを美しく見せるためには胸より、上の部分の形や位置などが大きく関係してくるのです。

肩のラインは、より自然に見えるナチュラルショルダーを

肩のラインは、薄手の肩パットで保型する程度がいいと思います。バブルのころには分厚い肩パットを入れたスーツが流行したこともありましたが、現在のインターナショナルスタンダードでは、より自然に見えるナチュラルショルダーが一般的です。

当時は、身体をよりカッコよく見せるために、分厚い肩パットで肩を大きく見せていましたが、怒り肩に見えれば見えるほど他人には硬い印象を与えてしまいます。そしてなにより、そのシルエット自体がデザインされたものになってしまいます。

やはり、もっとも大事なのはそのスーツを着る人自身なのですから、この分厚い肩パットという考え方もトゥーマッチ。イタリア語に「ナチュラーレ」という言葉がありますが、いかに自然に見せるかということが大切で、ナチュラーレ＝エレガンテ。つまり、自然に見えるほうがエレガントで美しいスタイルだということなのです。

このような、三つボタン段返りで、肩はナチュラルショルダーというスーツスタイルは、

ここ十年ですっかり確立されたインターナショナルスタンダードなデザインです。つまり、もうすでに完成された形として、ここしばらくは変わることはないでしょう。

肩のラインを決めるもうひとつの要素は袖の付け方。僕が着ているスーツで、ナポリっぽいと言われるマニカカミーチャで付けられたものがあります。「カミーチャ」とはイタリア語でシャツという意味で、この付け方はイタリアのナポリが発祥であるシャツの袖付けのように仕立てる技法です。

これは身頃の小さいアームホールに対し、大きめの袖をいせ込みながら付けているため、袖山(そでやま)が膨(ふく)らむのが特徴。アームホールが大きいと腕を上げたときに身頃の生地も一緒に上がってしまい、可動域が狭くなってしまうデメリットを、逆にアームホールを小さくし、腕がそのまま上がるように工夫した技法です。そういうスーツは見た目よりも、着たときに軽く感じるのです。

ただ、このいせ込みがあまりにも入りすぎていたり、袖山が高くなりすぎているのは、自然なナチュラルショルダーという意味ではトゥーマッチとなってしまうので、なるべく可動域がありながらも、袖山はできるだけ普通のものがいいでしょう。

顔幅の三倍くらいを想定して、肩幅を決める

僕のジャケットのサイズは46（イタリアサイズ）です。しかし、既成品の場合、そのままのサイズで購入すると、ぴったりしすぎて動きづらいと感じてしまう。だから、肩幅のみ47か48くらいのサイズに直しています。

これはなぜかというと、当然、長く着ることを想定して購入するので、老いによる筋肉量の低下や体型の変化があったときに、あまりにジャストサイズすぎると長く美しく着られなくなるからです。

オーダーでスーツをつくる場合、たいていは採寸に合わせてきっちりつくるものですが、僕はもう少しゆとりを持たせ、左右の肩幅五㎜オーバーでつくるようにしています。この少しのゆとりが風格のある肩幅になり、スタイルアップにもつながると思うからです。

肩幅を決める目安として、顔幅の三倍くらいを想定するといいでしょう。そうすると、遠目で見たときにきれいに見える。これがよく言う、スーツの理想形といわれるものです。もし自分の顔が大きかったとしても、顔幅の三倍くらいの比率に肩幅を設定することで、目の錯覚か、不思議と顔の大きさが気にならなく見えるのです。

イギリス出身の俳優で、ダンディという印象を定着させたケーリー・グラント（一九〇四～八六年）は、じつは顔が大きかったために肩幅のあるスーツを好んで着ていたという説があります。そうやって、全体のバランスを調整しながらサイズを決めていくと、より美しいスタイルへと近づくでしょう。

胸板の幅とウエストの幅の差を「ドロップ寸」と言いますが、ドロップエイトやドロップナインなどと、逆三角形に見えるシルエットにデザインされたスーツがよくあります。これもまさに自分の体型をよく知らなければ、バランスを崩してしまうことになりかねません。もともとハト胸の人がウエストを絞りすぎたら、さらにハト胸が強調されてしまいます。

自分の胸は張っているのか、お腹は出ているのか、首は短いのか、顔は大きいのか……。

そういう肩周辺の情報で肩幅などはかなり変わってくるはずです。スーツを美しく見せるためには、やはり自分の体型をよく理解しておくことが大切なのです。

クラシックスーツの袖口の基本は本切羽仕様

きちんとしたクラシックスーツの袖口の基本は、本切羽(ほんせっぱ)です。本開きとも言いますが、本切羽とは、ジャケットの袖口がボタンによって開閉できるもののことで、手を洗ったりする際に、ボタンを外して袖をまくるためのものです。

本切羽仕様の袖口には基本、ボタンが四つ付いており、袖口からいちばん遠いボタンは穴を塞(ふさ)いだ飾りであることが多いのですが、そもそもこれは、イギリスの古い習慣で、スーツを自分の子どもに譲るときに、仮にその子どもが自分よりも腕が長くなった場合に袖を伸ばす必要があるため、その開いていない四つ目のボタンを外してひとつ目に持ってくるという、スーツを継承していくための仕様だったのです。

ちなみに既成品のスーツを買った場合、袖口にボタンは付いているものの、四つすべてが飾りという場合も少なくありません。これは、購入者の体型に合わせて自由に袖の長さを調整するためのものであって、これが正式な袖口ではないということは覚えておいたほうがいいでしょう。

この本切羽を外し、サッと手を洗う。そしてボタンを元に戻すという一連の動きは、それ自体が男の所作として粋（いき）でカッコいいものです。なにより、スーツが実用的な洋服であることの証（あかし）とも言えるでしょう。

この本切羽の四つのボタンを少しずつ重ねて付けることが粋だという人もいますが、僕の考えるビジネススタイルでは、そうは思いません。人間は二本の腕を使って仕事をする生き物です。そう考えると、袖口に付いているボタンが重なっていたら、割れやすいのは当然です。

だから僕は、本切羽のスーツでも、できれば四つのボタンが重ならないようにオーダーしています。ボタンが欠けていたり、ひとつだけ取れていたりというのは、それこそみすぼらしいスタイルとなってしまいますし、長く着るという意味でも、ムダなメンテナンスが増えてしまうからです。

ビジネスユースなら、裏地は滑りのいい総裏地に

僕の場合、夏場であっても総裏地のジャケットを着ているのですが、それは丈夫だからです。最近は暑さ対策という意味もあって、裏地なしのジャケットも主流になってきていますが、ビジネスシーンで一般の人が着るスーツということを考えると、裏地がないものは、内側がすぐにほつれてジャケット自体がダメになってしまいます。もちろん気温の変化に対応するために、使い分けることはいいとは思いますが、何着もスーツを持っている人でないかぎり、最初の一着として選択するのは総裏地のもののほうが、長く着られるという意味でもいいと思います。

この裏地の素材は、滑りのいいものであることが重要。裏地が滑らなければ当然動きづらいですし、着脱もしにくい。せっかく美しいスーツを選んでも、裏地を台なしにしてしまう

こともあるのです。オーダースーツであれば、見た目よりも実用性を考えた裏地を選ぶ。そして既成品を買うにしても、まずは袖を通してみて、その滑りを確かめてみることも必要でしょう。

スラックスのシルエットは、全体のバランスで決める

ビジネススーツの場合、スラックスの裾はダブル仕様にすることが多くなっています。もともとクラシックスーツの常識として、ダブルはビジネス、シングルはフォーマルとされていますが、最近はとくに厳格なルールではなくなってきています。僕の場合はシングルにするのはタキシードくらいで、あとは基本ダブルです。

なぜダブルなのかというと、裾に向かって細くなるテーパードシルエットを安定して見せ、より美しいラインに見せたいと思っているからです。スラックスに関しても、自分の体型に合った裾幅というのは当然あり、僕は自分自身がもっとも美しく見えると思うサイズとして、

裾幅が十七㎝、ダブルの折り返し幅は四・五〜五㎝と決めています。

「いまの流れは、裾幅は二十㎝がおすすめですよ」などとショップスタッフから言われても、自分の足首の幅が十㎝しかなければ、十㎝も余ってしまう。裾をヒラヒラと余らせるスタイルはかなりトゥーマッチです。歩くときの足さばきも、当然おかしなことになってしまい、カッコ悪い。

自分の身長はどのくらいで、足首の幅がどのくらい、脚の形がどういう形かということをちゃんと理解し、全体のバランスを考え、シルエットが美しく見えるように裾幅を決めるということも、スーツスタイルの大切な要素のひとつです。

また、いくら打ち込みのしっかりした生地を使っていても、履いていれば膝が出てきてしまうのは仕方のないこと。極端な話、スラックスの膝幅が細すぎると、つねに膝が突き出た状態になってしまいます。この膝幅も、自分の体型を理解し、ちょうど膝が出ないくらいの幅にするということも大切でしょう。

そして、僕はスラックスの腰元にプリーツを入れています。既成品の場合、ノータックやワンタックなどと言われますが、最近はノータックのものが主流だと思います。ちなみに、スラックスにタックを入れている人はなぜか太めの体型である、という定説もあるほど。

スラックスにプリーツを入れることの意味として、ポケットに手を入れやすくなるという面があります。ポケットに自分の手を入れたときに、しっかりと手首まで入る深さを取れるということは、スラックスの機能面でとても重要なこと。僕は手が大きいので、手を入れたときに美しく見えるように、プリーツを入れてポケットを少し深めにしています。

そして、このプリーツによる可動域があることは、ビジネススーツの重要な要素でもある、動きやすさということにもつながります。スラックスが窮屈だと、イギリスの近衛兵のようなカクカクした動きになってしまいますし、軍服をルーツに進化してきたスーツだけに、動きやすさということは無視できないでしょう。

タック入りのスラックスは太めに見えるという定説は必ずしも正解ではなく、逆に細身すぎる人が履くと、少しゆったりとした安定感を与えることもできます。スラックスを美しいシルエットに見せるためにも、プリーツというのは、うまく使えばいい効果を生むディテールだと僕は思っているのです。

一着のスーツを長く着るためには何が必要か

何着かをローテーションで着ることが多いスーツ。僕は春夏、秋冬でそれぞれ五着ずつとし、合計十着あればベストだと思っていますが、最低限として三着ずつの計六着は用意してほしいと思っています。そこは、自身の経済状況で判断すればまったく問題ありません。

しかし、買ったスーツを長く着ると考えたとき、スーツを何着持っているかよりも、きちんと手入れすることのほうが大切です。スーツの生地に使われる天然素材は、復元力が高いため、手入れをすれば元の美しい形に戻ってくれます。きちんと手入れすることで、毎日変わらず美しいスーツを着て出勤することができるでしょう。

スーツの手入れ方法として、ブラッシングする必要があるとも言われていますが、カシミア用の大型のブラシなどはそこそこの値段がします。高級スーツを購入したのであれば、きちんとブラッシングしたほうがいいでしょうが、一般のビジネスマンが普段着るスーツには、必ずしも適切ではないと思っています。

ただ、着用後に何もせず、定期的にクリーニング屋に出すだけというのではダメ。毎回、ホコリはきちんと落とし、ジャケットもスラックスもハンガーに掛けておく必要はあります。仕事から帰って時間があるときは、専用ハンガーでスラックスの裾を上にして吊るすだけで、膝などは自然と伸びてくれるものです。

もっと言えば、きちんと自分でアイロンをかけてあげるほうがいい。僕の場合はスチーマーではなく、必ずアイロンを使って自分で手入れをします。アイロンを使うことによって、クリースもしっかり入り、内側についたシワもきれいに消すことができます。そうやってきっちりと折り目を入れることで、スーツを美しくみせるような手入れをしているのです。

こういったメンテナンスは自分自身で行うべき。自分で購入したスーツなのだから、そのスーツのことを熟知しているのは自分自身。自分の身の周りのことは自分でやる。それが大人の男性としてのマナーとも言えるのではないでしょうか。

COLUMN 1

アンダー十万円で揃えるスーツ選び

カッコよくなるためではなく、カッコよく生きるためのもの

スーツを購入するうえで、とくにおすすめしたいブランドとして挙げられるのが、「エルメネジルド ゼニア」や「キートン（kiton）」、セレクトショップオリジナルでは「ビームス」や「B.R.SHOP」などです。先ほどから繰り返しているインターナショナルスタンダードという意味では、「エルメネジルド ゼニア」のスーツなどはまさにそれで、最先端の技術でスーツスタイルを提案しているブランドだと言えます。

本来であれば、本書の読者の人には「エルメネジルド ゼニア」が提案するようなインターナショナルスタンダードなスーツを、自分の体型に合わせてオーダーしていた

だきたいと思っているのですが、安価ではないスーツを普段使いできるビジネスマンなんて、一般的なはずがありません。最高でも十万円くらいしかスーツにはかけられないという人も大多数でしょう。

スーツスタイルは、スーツだけでなく、シャツやコート、靴や小物といったように、全身すべてのアイテムで完成するものです。スーツにばかりお金をかけてしまっては、お金がいくらあっても足りないのは当然で、本末転倒になってしまうことがいちばんカッコ悪い。その場合、何にお金をかけて、何にお金をかけないのか。そういった優先順位をつけてほしいと思っています。

何事も、自分の身の丈に合ったものを選ぶほうがいいに決まっています。お金もないのに高級外車に乗っているというのは、まさにトゥーマッチ。一般的なビジネスマンが、毎日のスーツ用に三万円以上する高級なシャツを着るなんて絶対にありえません。スーツとは、カッコよくなるためというより、カッコよく生きるためのものであってほしいと思います。

僕のこの考えを実践する場合、たとえば「ビームス」であれば、二十万円ぐらいからスーツをセミオーダーできます。「ビームス」のようなセレクトショップは、きちんと世の中の流れを研究したうえでモノづくりをしているので、最低でも五年くらいは着られるものが購入できるでしょう。「ビームス」のスーツは本当によくできているので、セミオーダーでなくても十分なものを購入できると思います。

もちろん「ユナイテッドアローズ」や「バーニーズ ニューヨーク」、「エストネーション」などのセレクトショップ、「伊勢丹メンズ館」や「阪急メンズ館」などの百貨店も、いまの時代にふさわしいスーツを販売しています。日本のセレクトショップや百貨店は本当に優秀だと思います。

また、序章では日本のビジネスマンのスーツスタイルがよくなってきているという話もしましたが、これは本当の話で、吊るし（既製品）のスーツでもそれなりのものが多くなってきています。テレビＣＭなどでもお馴染みの紳士服量販店や、ショッピングモールなどに出店しているスーツストアなどでも、しっかりとポイントさえ押さえて購入すれば、僕の言う美しいスーツスタイルに近づくことはできるでしょう。

安価なところでは、三万円もあればスーツが手に入る時代です。もしかすると、そういう店舗だけで考えたら、十万円以内ですべてのアイテムが揃ってしまう場合もあるかもしれません。逆に、見る目がないのに高額なオーダースーツをいきなり購入して失敗するくらいなら、吊るしのものを購入しながら勉強し、〝いよいよいいものを〟というときに、きちんとオーダースーツをつくればいいでしょう。

ただ言っておきたいのは、一つひとつのグレードを下げてしまっては、いいものを長く着るというのは難しいのも事実。シャツや靴下などの消耗品はいいとしても、そこそこの値段のアイテムが一年で使えなくなってしまうのは、もったいないだけです。

それこそ、いちばん大きな金額を占めるスーツを、まずはいいものに。そして次は足許を。という具合に、自分に合ったペースで徐々にグレードの高いものを揃えていけば、ムリなく自分のスタイルを完成させていけるのではないでしょうか。

第２章　シャツ

襟の形はセミワイド、色は白か水色を選ぶ

ビジネスマンのスーツスタイルにおいては、中に着るシャツもまた他人に与える印象が大きいアイテムです。僕がシャツを選ぶとき、襟の形はセミワイドスプレッドと決めています。セミワイドスプレッドは「イングリッシュスプレッド」とも呼ばれ、オーソドックスな英国的スタイルのシャツを象徴する襟型です。

シャツの襟にはさまざまな形がありますが、一般的なシャツに見られる「レギュラーカラー」と呼ばれるものをはじめ、ボタンダウンなどの少しカジュアルなものまで、例を挙げればきりがありません。

最近では、このボタンダウンのシャツをスーツに合わせている人もいますが、ネクタイを締めることを踏まえると、ビジネスシーンにはいささかトゥーマッチ。

僕は、仕事のときにはセミワイドスプレッドのシャツしか着ませんが、その理由は流行に左右されず、どのスーツにも自然とハマってくれるからです。プレーンノットで結んだネク

干場流シャツ選びの基準

SHIRT

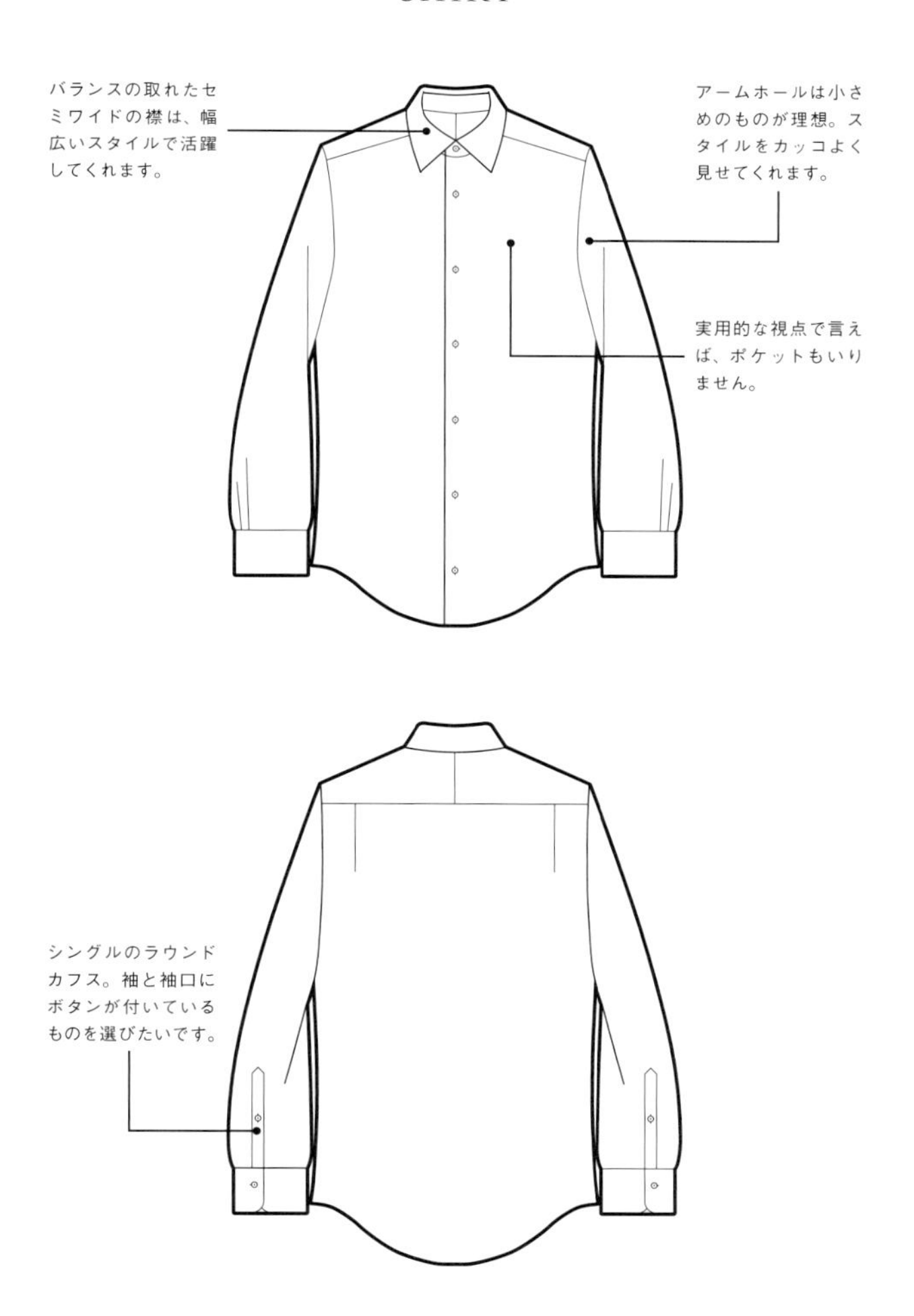

タイにも非常にマッチし、ノーネクタイでシャツのボタンを開けたときの見え方もいい。そしてなにより、僕の顔の大きさに似合うのがこのセミワイドスプレッドなのです。

セミワイドスプレッドの襟は適度な大きさがあり、スーツを着たときの全体的なプロポーションを考慮しても、バランスがよくカッコいい。最近は小さな襟のシャツが増えてきていますが、よりベーシックなものという意味で、このセミワイドスプレットをおすすめします。

シャツの色は、白か水色です。日本人は白シャツが好きだと言われますが、じつは昔から、日本人の黄色い肌の色には白が似合わないとされているのです。

でも、僕が長年シャツを着てきた結論として、シャツは白と水色の二色。極論を言えば、白一色だけでも十分だと考えるほどに至りました。柄もきわめてベーシックな無地か、選んだとしても繊細なストライプかチェックくらいがビジネス向きです。

ちなみに、水色のシャツはグレーやネイビーのスーツとの相性もよく、コーディネイトがしやすいと思っています。靴やネクタイなど、トータルでのバランスを取ることを考えても、水色はおすすめです。

素材は打ち込みのしっかりしたコットンブロード。これにも第一章のスーツと同様、より丈夫な生地を、という意味もあります。イギリスでは「ポプリン」とも呼ばれる生地で、見た目もプレーンな美しいシャツ地です。良質という意味で、海島綿（シーアイランドコットン）のような高級素材のシャツは見栄えはしますが、毎日着るとなるとすぐに傷んでしまうので、経済的ではありません。ボタンダウンシャツなどでよく使われるオックスフォードも、素材としては丈夫でシワがつきにくい生地ですが、カジュアル感が出てしまいがち。

また、これもスーツと同様なのですが、季節に応じて色合いや素材を変えるのもいいでしょう。涼しさや暖かさという機能性ももちろんですが、夏と冬では陽射しの強さが違うので、光によって色合いなども変わってくるからです。

アームホールは小さめのもの、カフスはラウンドタイプを

これはスーツの章でも言ったことですが、アームホールは小さいものがおすすめです。ジ

ャケットと違い、シャツはめったなことでは脱がないので、より自分の体型に合った動きやすいものでなければいけないからです。アームホールは大きすぎはダメ。これは袖選びの鉄則とも言えるでしょう。

そして、長袖というのが原則です。とは言え、日本の真夏は三十五℃を超えることもあります。もちろん、気候に合わせて半袖を選んでもいいと思います。仕事をすることが前提にあるため、あまりに暑くて仕事に差し障りが出るようなら、ムリやり長袖を着るのはそれこそナンセンス。汗だくでガマンするよりも、半袖を着て涼しい顔をしているほうが、よほど仕事ができるに違いありません。

カフスはシングルのラウンドカフスで、袖と袖口に二つボタンがついているタイプが僕のスタンダード。ラウンドのカットは、これもごく普通のものを選ぶこと。ラウンドカフスはカフスの先端が丸いので、スーツの袖口にも引っかかりにくく、まさにビジネス向きの実用的な形と言えます。

ドレスアップするときは、ダブルカフスのシャツを選び、カフリンクスを使うこともあります。しかし、手許に光りものが多くなれば、そこに相手の目が行ってしまいます。何度も言うようですが、これもビジネスシーンにはトゥーマッチです。

僕はこのように、シャツはスーツより実用的な観点で選んでいます。たとえば、シャツに胸のポケットはいらないし、前立てもないものを僕は選んでいます。前後の身頃のあいだに付けるガゼットなども、丈夫さから言うとあってもかまいませんが、あってもなくても大差はありません。

余計なものや機能を足すよりも、よりベーシックで普通なものを選ぶほうが理にかなっている。まさに、「過ぎたるは猶及ばざるが如し」なのです。

シャツは消耗品だと考えてかまわない

一般の人がビジネス用のシャツを選ぶ際、とくに気をつけてほしい点は、高級すぎないものを選ぶこと。これはブログや記事などにも散々書いてきたことですが、お金持ちでもないのに、三万円以上もするシャツを着る必要はありません。身の丈に合ったもので十分です。

スーツは長く着る前提で選ぶべきですが、シャツは逆に消耗品と考えていいと思います。直接、地肌に触れるものなので、いちばん汚れる。ましてや薄い色だと、汚れも目立つ。どんなにきれいに着ても、長く使えば襟は傷んでしまいます。

高級シャツはたしかにいいものです。イタリアの高級シャツブランドである「フライ（FRAY）」のシャツは一着六万円ぐらいしますが、着心地もシルエットもやはり最高峰の仕上がり。機能性も間違いありません。しかし、「フライ」の高級シャツが一般の人のビジネスシャツに適しているかと言えば、そうとは思いません。

そこでおすすめしたいのが、僕が普段から愛用している「インダスタイル」や「カミチャニスタ」。とくにこの「カミチャニスタ」は、高級シャツに見劣りしない本格的なシャツをつくっているにもかかわらず、一着六千円ぐらいとお手頃な価格です。

経済的なワードローブという意味で僕が使う、「エコノミカル・ラグジュアリー（エコラグ）」という造語があります。長く使えるものに対してはお金を投資する一方、消耗品のようなものはコストパフォーマンスを考えて、安くて良質なものを着るという考え方ですが、シャツ選びにはまさにこの哲学が当てはまります。

　いいスーツを買ったのであれば、シャツは六千円のものを五枚程度持っていればいいと思うのです。ただし、これはいま世間で言われている「ファストファッション」とはまったく別の考え方なのでご注意を。ただ安いだけでなく、きちんとつくられたいいものを身につけなければ、何の意味もないのです。

本格的なイタリア式なのに低価格を実現

　その点、私がおすすめする「カミチャニスタ」の優れている点は、イタリアで培われた妥協のないシャツづくりを生産コストの安い中国に持ち込むことで、一般の人でも買えるほどの安価で提供することを実現しているところです。

　カミーチャとは「シャツ」を意味するイタリア語で、カミチャニスタとは「シャツを愛する人、シャツが似合う人」という意味の造語。イタリアの技術でつくられているのに多くの人に愛される価格、まさに名前そのままのブランドと言えるでしょう。

現在、「カミチャニスタ」のテクニカルディレクターを務めているのはイタリア人のレオナルド・ブジェッリさんという方で、イタリア仕立ての真髄をきちんと伝えてくれています。ですから「カミチャニスタ」のシャツは、すべて本格的なイタリア式。

袖の仕立てはイタリア高級シャツと同じ「マニカスポタータ」という、ボディと袖を別々につくって縫製するという袖付け技術によるもので、この仕立てはとても難しく手間がかかるもの。そのほかにも、ボタンの素材に本白蝶貝（しろちょうがい）を使っていたり、肩のラインを美しくみせるスプリットヨークを採用したり、さらには、フィット感を高めるための背中のダーツや、ネクタイが似合うように柔らかくロールした襟など、細かなディテールにまでこだわったシャツをつくっています。

それにもかかわらず、生産コストが安いという理由から五千円という低価格でこのシャツを購入できるというのは、ビジネス用に美しいシャツを着たい一般の人にとっても本当にありがたい話。

私はこの「カミチャニスタ」のシャツをもう何年も着ていますが、白のセミワイドカラーのシャツだけで十枚以上は持っています。

シャツのルーツは男女共用の下着だった

シャツは消耗品であるという僕の考えは、シャツが下着であるということが根底にあるからかもしれません。

シャツというのは、いまでこそVゾーンをエレガントに飾る重要なファッションアイテムのひとつとされていますが、そのルーツはまさに男女共用の下着でした。前と後ろの身頃が垂れ下がったテールドボトムが一般的なことから、シャツが下着であったことを知る人も多いでしょうが、いちばん下のボタンが余っているのは、下着だったことの名残りとも言われ、現在ではこのボタンは予備として用いられています。

ですから僕は、シャツの下にTシャツやタンクトップなどの下着はいっさい着ません。下着であるという考えからでもありますが、シャツから下着が透けて見えることほどカッコ悪いことはない、と思っているからです。

ただ、素肌で着たとしても、シャツがぴったりとしすぎてしまうと、今度は肌そのものが透けてしまいます。逆にダボダボしてしまっても、スーツを着たときに中で余りすぎて、せっかくいいスーツを着ても着心地が悪くなります。

つまり、シャツもきちんと自分に合ったサイズを選ぶことが大切で、大きすぎたり小さすぎたりしない、ちょうどいいサイズのものを着ること。それも、「過ぎたるは猶及ばざるが如し」。美しくシャツを着るということにつながるのです。

クリーニングの仕上げは、畳まずにハンガー仕上げで

ビジネス用のシャツは、家庭用洗濯機で洗えないわけではありませんが、それなりの技術

と手間が必要なうえ、パリッとした清涼感を保つのはとてもたいへんです。であれば、洗濯のプロであるクリーニング屋さんに頼むほうが手っ取り早いでしょう。

しかし、町のクリーニング屋さんの技術にはムラがあることも多く、なるべく上手なお店をリサーチすることが必要です。そこで僕がよく言うのは、クリーニング屋さんも教育しなくてはダメということ。いくら上手なクリーニング屋さんでも、「こうしてほしい！」ときちんと意思を伝えなくては、なかなか美しい仕上がりにはなりません。

僕の場合、「カフスに折り目を入れないでほしい」「全面に糊づけするのではなく、自然な仕上がりにしてほしい」、あとは「折り曲げないでほしい」と必ず言うようにしています。こうやって何度も同じクリーニング屋さんに頼んでいれば、いちいち細かな要望を伝えなくても、自然とそのとおりに仕上げてくれるようになっていきます。

ちなみにこの「折り曲げないでほしい」というのは、仕上がり後に畳んだ状態ではなく、ハンガーで吊るした状態で戻してほしいということで、これはシャツを収納するときもそう。全部ハンガーに吊るしてクローゼットに掛けておき、着るときは必ずアイロンをかけ直してから、ビシッとした状態で着るようにしています。

僕はこういう職業なので、とくに美しく見えるようにと心がけてやっていますが、一般的には、シャツ一枚にそこまでの労力をかけられないという人が大多数でしょう。そういう人にはいま話題の、ポリエステル混紡などの形状記憶シャツでも、問題ないと思います。

ただ、天然素材のシャツとは違い、化学繊維ならではの光沢感などが出る場合もあります。この化学繊維特有のつくられた白さや光沢感は、美容整形と同じで不自然な美しさであり、ナチュラルなものではありません。そうならないように、生地の配合率などに十分注意して、より自然に見えるものを選ぶことを心がけてください。

これはシャツだけではなく、ほかのものにも言えることですが、洋服には見た目の審美的な美しさを求めるのではなく、あくまでも自然に見えるナチュラルな美しさを求めることが大切です。そして、やはり本当に人に見せるべきなのは、着ている洋服ではなく、中身の自分自身なのです。

COLUMN 2

わが愛しのファッショニスタ

世界のファッション業界のトップたち

僕は二十歳で出版業界に入り、『MA-1』『モノ・マガジン』『エスクァイア日本版』をはじめ、『LEON』『OCEANS』など、これまで多くのファッション雑誌に携わり、編集者として、いろいろな場所で、いろいろな人たちの話を聞くことができました。

これまで編集者として、自分も成長しながらさまざまな情報を伝えてきたつもりでした。それは現在も進行中かもしれませんが、成長過程という意味では、間違ったことを伝えたこともあったかもしれません。

僕もそのなかでそれなりに成長し、少しずつ本当にいいものがわかるようになってきました。これからは、そういった本当にいいものを伝えていきたいと、強く思うようになったのです。

雑誌の編集者とは得な職業で、名刺を渡すだけで何者であるかを示すことができ、会いたい人に話を聞くことができます。僕にとってもそうですが、名刺一枚で世界のファッション業界のトップたちと話し、彼らの哲学を聞くことができました。

たとえば、トム・フォード氏、ジョルジオ・アルマーニ氏、ラルフ・ローレン氏。みなさん本当にいろいろな考えをお持ちの人ばかりで、そういった人たちにさまざまな哲学を聞くことができた経験が、いまの僕の核になっているのだと思います。

なかでもやはり、「はじめに」でも名前を挙げたイタリアの老舗生地メーカーのトップであるロロ・ピアーナ兄弟というのは、本当に素敵な人だと思っています。お兄さんのセルジオ・ロロ・ピアーナさんは残念ながら二〇一三年に他界されてしまいましたが、弟さんのピエール・ルイジ・ロロ・ピアーナさんとは、現在でも愛弟子のような関係を築かせてもらい、僕も彼を「師」と仰ぐほど尊敬しています。

それは彼の服装が単純に素敵であるというだけではなく、生き方そのものが僕の哲学の根幹になっている、本当に素晴らしい人だからです。

「どこの洋服を着ていると言わなくても、その人と同じ感覚を共有できる」

「ロロ・ピアーナ」は日本人全員が知っているブランドではないと思いますが、ファッションに精通している人ならば誰もが知っている老舗ブランド。高級ウールと高級カシミアに関しては、間違いなく世界のトップと言えるでしょう。ラグジュアリーブランドとしてのアイテムもいいものばかりで、世界のセレブたちから広く愛されていますが、服地メーカーとしても上質な生地を生産しているので、日本のテーラーでも生地を扱うお店が多くあります。

僕が言っている「エコノミカル・ラグジュアリー（エコラグ）」の考え方で言えば、いいものを持つという意味のほうで、「ロロ・ピアーナ」は人生で一度は手にしてもらいたいブランドのひとつです。

長年、ロロ・ピアーナ家による一族経営が続いていましたが、二〇一三年にLVMH(モエヘネシー・ルイヴィトン)グループの傘下に入り、現在は六代目のピエール・ルイジ・ロロ・ピアーナさんがCOO(最高経営責任者)として舵を取っています。

僕も記事などで「ロロ・ピアーナ」のアイテムをよく紹介していますが、カシミア素材のものを中心に、本当にいいものが多い。それは「ロロ・ピアーナ」というブランドが、昔からずっと良質なものをつくろうという企業努力を続けているからで、そういうブランドは世界的に見ても稀な存在です。

カシミアやウールについて言えば、よりいいものをつくり出すために、生産背景まで徹底管理しています。ただカシミアや上質なウールを使うのではなく、カシミアやメリノウールを生み出すヤギや羊、その羊を育てる人間の生活までも管理しているのです。そういうブランドや服地メーカーは、ほかには見当たりません。

以前、僕がインタビューをさせていただいたときにも、「エレベーターに乗ってきた瞬間に、どこの服を着ているると言わなくてもその人と同じ感覚を共有できる。それが『ロロ・ピアーナ』だ」とおしゃっていました。デザイン性などの流行でもなく、ブランドロゴなどでもない。言葉を交わさなくてもその人のスタイルや目を見れば、本物の男かどうかなんてすぐにわかる。「ロロ・ピアーナ」というブランドは、そういうブランドなのです。

弟であるピエール・ルイジ・ロロ・ピアーナさんはヨットが趣味で、自身が所有する「マイ・ソング号」という大型ヨットで、レースにも参戦するほどです。しかも自分で操縦し、舵を取りながらクルーにすべての指示を出しているのだからスゴい。僕は取材などをとおして、何度かヨットレースにご一緒させてもらったことがあります。ネイビーブルーのポロシャツに白いカーゴショーツ、ベージュスエードのスニーカーというスタイルで、大海原を突き進んでいく姿は本当にカッコいいのです。

僕は彼に、「なぜこのようなヨットレースに興味を持つのか?」と聞いたことがあります。すると彼は、「大海原を走っていくという意味では、ヨットレースもビジネスも同じ。大きな波は来るし、強い風も吹く。陽射しが強い日もあれば、ときには夜になることもある。そういういろんな状況が現れる。そんななかでどう舵を取っていくかが、トップの役目なのだ」とおっしゃっていました。つまり趣味でヨットを楽しむだけでなく、それをビジネスに置き換えて自分の生き方の哲学にされているのです。

　彼がヨットの上で身に着けているものも、「ロロ・ピアーナ」が普段から扱う天然素材を使用し、実際に何度もヨットの上で使ってみることで完成された洋服です。ポロシャツにしても、陽射しを遮る襟の高さや、波をかぶっても、汗をかいても大丈夫な素材にしている。そういうリアリティのなかで生まれた機能に裏打ちされたものだからこそ、カッコいいアイテムになっているのです。デザイン性などの表面的な部分ではなく、シンプルだが本当に使える、そういうモノづくりにつながっているのだと感じました。

　僕が彼から学んだことは、「すべてのことに対して何が重要なのか」という本質を見抜くことの大切さ。自分のスタイルを貫きつつも状況に応じて進化させていく大きさ、みたいなものだと思います。彼はそういう、男としての核をしっかり持っているのです。ロロ・ピアーナさんは、「エレガントとは絵になること。絵になるとは自然の風景に馴染むこと。目立つことは決してエレガントではない。周りの人に快適だと感じさせ、TPO（タイム・プレイス・オケージョン）を知り、馴染むことが大切だ」とおっしゃっていましたが、まさにそれが本質であり、すべてのことに共通する哲学。本書で僕が伝えたいことでもあるのです。

心の豊かさこそ人生における大切な財産である

本書の冒頭で、僕が出会った素晴らしい人としてロロ・ピアーナさんご兄弟と、「トッズ」の会長であるディエゴ・デッラ・ヴァッレさんの三人の名前を挙げましたが、彼らは、「素敵だと思う人は？」と聞かれたときに必ず名前を挙げる三人です。センスがいいという意味で言っても、間違いなく世界のトップに入る人たちです。

これまで、ロロ・ピアーナさんご兄弟との話を中心にさせてもらいましたが、ディエゴ・デッラ・ヴァッレさんのカプリ島にあるご自宅にお邪魔した際には、その人柄、ライフスタイル、趣味のすべてがカッコよく、本当に感動しました。世界のトップリーダーというのはかくあるべしという姿を、見せつけられたのです。

スーツスタイルをより美しく、バランスよく見せるためには、自分の中身の部分を磨かなければなりません。日本人は見た目ばかりを気にする傾向にあり、変にダイエットをしたり、白髪を染めたりする人も多のですが、世界のトップは自然な装いで十分素敵です。物質的な豊かさではなく、心の豊かさこそ人生における大切な財産だということを、彼らは僕に教えてくれました。

一般の人が必ずしも彼らのような生き方をしなければいけないとは思いませんが、大人の男性としてという意味で、少しずつめざしていける部分はあります。僕も、ロロ・ピアーナさんやディエゴ・デッラ・ヴァッレさんたちのような成熟した素敵な大人になっていきたいとつねに思っているのです。

第3章 ｜ コート

スーツ以上にコートは他人に与える印象が大きい

寒い日や雨の日にやせ我慢してコートを着ないのはナンセンスです。最低でも一着はスーツ用のコートを持っているべきだと思います。ただ最近、日本のビジネスシーンでは、フォーマルなコートではなく、カジュアルなコートを着ている人を多く見かけますが、スーツの上にカジュアルなコートでは、少々トゥーマッチです。

コートは、場合によってはスーツ以上に他人に与える印象の大きなアイテムでもあります。いちばん表面積が大きなアイテムという意味でもそうですが、身に着けるもののなかで唯一、人に渡すシーンがあるからです。

ホテルやレストランでの食事の際、クロークルームにコートを預けます。そのとき、どんなにいいスーツを着ていても、ペラペラのコートを預けた時点で、自分の評価を下げてしまいます。他人はそういうところを必ず見ているものです。

逆に言えば、いいコートを預けることはプレゼンテーションにもなります。預ける相手は

干場流コート選びの基準

COAT

触ったときの素材感、縫製、もしくはチラリと見えるブランドのタグなどで、そのコートがいいものかどうかすぐにわかるでしょう。それだけで大きな信頼を得られるのならば、こんなに効率的なプレゼンテーションはありません。

だから当然、きちんとしたアイテムを選ばなければなりません。しかし、ここでも「過ぎたるは猶及ばざるが如し」を忘れないこと。全体のバランスを考慮し、自分自身がフォーカスされるものを選ぶことは、コート選びでも重要なのです。

季節に合わせて使い分ける

どんなアイテムでもそうですが、コートの場合も基本は、その季節に合ったものを選ぶということがポイントです。春と秋、冬で使い分けるといいでしょう。

まず、春はスプリングコートがあるといい。素材は薄手のナイロンなどで、ちょっとストレッチが入っていたり、シワになりにくいものを選ぶと使いやすいでしょう。小さく丸めて出張に持っていけば、肌寒いと感じたときにも羽織(はお)れます。

「スプリングコート」と呼ばれてはいますが、春と秋の両シーズンで使えるという意味でも、機能性は高いほうがよく、雨に強いことや通気性がいいことなども、選ぶときのポイントにするといいでしょう。

スプリングコートであれば、チェスターフィールドコートや、「バルマカーン」などとも呼ばれるステンカラーコートなどが合わせやすく、スーツに合わせることを考えれば、色はグレーかネイビー、もしくは黒でも問題ないでしょう。

一方、冬はカシミア素材がベスト。カシミアのコートは高額だという人は、ウールでも問題ありませんが、僕は断然カシミアのものをおすすめしたい。たしかにカシミアのコートは高額ですが、逆にそのおかげで大切に扱うはずですし、上質なコートを着ているという感覚が、自然と着ている人の歩き方を優雅に見せ、足さばきを美しくします。それに、なんといってもカシミアは軽くて暖かいのです。

僕の場合、カシミアのコートを基本として、色はキャメル、ネイビー、グレー、あとはフォーマル用に黒の四色を着まわしています。四色を着まわす理由は、靴などの細かいアイテムに対応して、それぞれに合う色のコートを選べるようにしているためですが、どれか一着ということであれば、ネイビーもしくはグレーのどちらかを持っていればいいと思います。

コートの種類でいえば、スーツに合わせるという意味でも、チェスターフィールドコートがおすすめです。

チェスターフィールドコートは「チェスターコート」と呼ばれることもありますが、コートのなかではいちばんベーシックであるとされ、細身のシルエットとノッチドラペルが特徴です。少しクラシックな雰囲気もありますが、最近のものはバリエーションも多く、ビジネスだけでなくカジュアルの普段使いもできます。

しっかりと裏地が付いている暖かいものであれば、ステンカラーコートでも問題ないとは思いますが、カシミアやウールのものをと考えると、最初の一着はネイビーのチェスターフィールドコートにすると、非常に使い勝手がいいでしょう。

そのほか、コートにもさまざまなデザインがあり、ビジネス用に適したものも多数あります。

コートはスーツとは違い、美しく見せる装いというよりも防寒着という役割がかなり大きいので、状況に応じてデザインや素材を変えることも問題なし。

雨の日にはステンカラーを着ればいいし、それが大雪になり極寒であればダウンコートでもいいでしょう。しかし、美しいスタイルを保ちたいと思うのであれば、ただ着るというだけではなく、できるだけ自分のスーツスタイルに合うものを着てほしいものです。

ちなみに、コートを購入する予算は、十万円から二十万円程度が目安だと思います。本当にいいものであれば、最低でも十五万円はすると考えてもらってかまいません。カシミアのものであれば、それくらいは当然します。

ただ、そこまで出せないという人がいるのは当たり前で、コートは防寒着であるということと、身分相応のものをということを忘れずに。少しでも安価で良質なものを選ぶのは、間違った選択ではないでしょう。

そういう場合は、セレクトショップなどで素直に予算を伝えれば、最適なコートを出してきてくれるはずです。最初はムリせず、自分の予算で購入できる範囲のものを選べばいいと思います。

トレンチコートは顔を選ぶ、ピーコートはトゥーマッチ

日本人にお馴染みのコートとして、トレンチコートやピーコートを着ている人も多いのではないでしょうか。

まずトレンチコートについてですが、僕の持論では、トレンチコートは顔を選ぶコートだと思っています。あまりに昭和っぽい顔や、男くさすぎる顔の人がトレンチコートを着ると、『ルパン三世』の銭形警部のように見えてしまうからです。

なぜ、そうなってしまうのかと言うと、トレンチコートはイギリス軍が第一次世界大戦の塹壕（ざんごう）のなかで着ていたものが原型であるため、素材は防水性の高いギャバジンであったり、手榴弾を吊るすためのDカンや、ショルダーストラップが残っていたりと、コートそのものが男っぽいつくりになっています。

こういういかにも男くさいコートを、あまりに男くさい顔の人が着ると、それこそ「過ぎたるは猶及ばざるが如し」で、まさに男くさすぎてしまうのです。

自分の顔がやさしいほうだと思われる人は、トレンチコートを着てもいいでしょう。コートの男くささとバランスを取るという意味では、トレンチコートは女性のほうが似合うのかもしれません。それでもトレンチコートを着たいという人がいるならば、定番のベージュではなく、黒やネイビーのものを選んで、モダンなイメージに見せるのもひとつの手です。

そして、もうひとつのピーコートですが、普段使い兼用のコートとして愛用している人も多いかもしれません。ひと昔前は、ピーコートは学生が制服の上に着るものというくらいの認識でしたが、いまではさまざまなデザイン、価格帯のものが、いろんなブランドから登場しています。ネイビーならデニムスタイルにもよく合い、使いやすいので、もはや学生専用というイメージはなくなり、広く一般的に使われるようになりました。

ピーコートの「ピー」とはオランダ語で厚地の織物、ラシャが語源であり（pij jekker)、これもイギリス海軍が着ていた軍用コートが原型です。本来は船の甲板という厳しい環境下で着ることが目的であるため、素材はハードなメルトンが基本。万が一ボタンが破損しても、逆前合わせにして着ることができるようにと、ダブルになっています。となると、ビジネスシーンに置き換えたときにそこまで過酷な環境はありえないので、ピーコートはトゥーマッチ。仕事ができる世界のエリートが、スーツスタイルにピーコートを着ているかと言えば、それは絶対にありえません。

ただ、前述のようにピーコートも進化してきているので、ビジネスに合うように現代的に変えてつくられているロング丈(たけ)のピーコートなどであれば、ビジネスシーンでも問題なく使えるかもしれません。

膝丈コートは安定感も失わないし、使い勝手がいい

コートの丈については、先ほどのピーコートで言えば丈が短いことも特徴ですが、そのほかのコートについても、カジュアル用のダッフルコートにしても、ビジネス用のステンカラ

ーコートにしても、ここ数年は短めの丈のほうがバランスがいいという流れになっています。

しかし、スーツ用に着るコートで、スーツのジャケットよりも短い丈のものはナンセンス。ただし、ジャケットが隠れてさえいればいいのかと言えば、短すぎる丈のコートは安定感がなくなり、やはりトゥーマッチです。いいものを長く着るという観点から言っても、短い丈がいいという流れに乗ってしまうのは危険です。

僕は、コートというのはある程度長さがあっていいと思っています。たとえば、もっとも長いという「マキシマム」という意味の略からきた「マキシ丈」と呼ばれるロングコートは、足のくるぶしくらいまでの長さがあり、非常に安定感が出てエレガントに見えます。ですから、スーツスタイルのみで考えるのであればアリです。

ただ、高額なコートを何着も買うというのは難しく、使い勝手という意味で考えたとき、マキシ丈コートはジーンズと組み合わせては使えません。コートはビジネス用としてのエレガントさと、カジュアルシーンで使える使い勝手を考えて選んだほうが、ムダがありません。

そう考えると、四分の三丈とも言われる膝（ひざ）丈のコートを選ぶのが、ちょうどいいと思います。

膝丈程度であれば安定感も失わないし、ネイビーもしくはグレーのチェスターフィールドコートならば、ジーンズにもよく似合うでしょう。

おすすめはネイビーのポロコート

僕のワードローブのなかでいちばん活躍しているコートは、じつは「ビームス」で購入したキャメルのポロコートです。

キャメルという色は上級者向けというイメージがあるかもしれませんが、じつはグレーのスーツにもネイビーのスーツにも合うだけでなく、ジャケパン・スタイルにもマッチします。そして、スーツと合わせればそれなりに上品に見せてくれる色です。黒のタキシードでも使ってしまえる便利さを、併せ持っています。

ポロコートとは、その名のとおりポロ競技の選手たちが競技の合間や観戦時に羽織っていたコートのため、クラシックなチェスターフィールドコートよりもスポーティなイメージがあります。しかしながらポロは、ご存じのとおりイギリス紳士のスポーツ。つまり、しっかりとエレガントさも兼ね備えているオールラウンダーなコートでもあるのです。ディテールの特徴としても、バックベルトでウエストが絞られていたり、袖口がターンナップされているなど、どこかスポーティさが残っているので、そこが逆にカジュアルなスタイルにも合う要因になっています。

僕はカシミアのキャメルのポロコートをもう十五年くらい着ていますが、いまでも同じものをいちばん使っています。こうしたアイテムは、それだけデザインが古びないということもあるのです。一般のビジネスマンが選ぶのであれば、ネイビーのポロコートなどを選べば、僕のように長く愛用できる便利な一着となってくれるはずです。

では、一般のビジネスマン向けに考えたときにおすすめのコートのブランドは何かと言えば、イタリアの「ヘルノ（Herno）」や「ムーレー（Moorer）」が使いやすいでしょう。どちらのブランドもカシミア素材でエレガントというよりは、機能的なものが多いブランドなので、選びやすいはずです。「ビームス」のオリジナルもおすすめです。

そのほかには、「マッキントッシュ（MACKINTOSH）」もいいと思います。イギリスの老舗ブランドという格式がありつつ、新しい試みで豊富なバリエーションがあることも魅力でしょう。「マッキントッシュ」で僕がおすすめするならば、イギリスの靴ブランドである「チャーチ（Church's）」とダブルネームでつくったステンカラーコート。ほかにも「ロロ・ピアーナ」のストームシステムという機能性素材を使った軽量ウールのコートなどもあるので、ショップを覗(のぞ)いてみてください。

いいものを長く着るには、収納方法にも気をつけたい

コートも当然、メンテナンスしなければ、すぐに傷(いた)んでしまいます。まして、寒い冬場は毎日着るのに対し、湿気の多い夏場はクローゼットに掛けたままになるため、毎日の手入れはもちろんですが、保管方法も重要になってきます。

カシミアやウールなどの天然素材は、水に弱いもの。とくにカシミアは、滑(なめ)らかさが失わ

れてしまったり、すぐにシミになってしまう繊細な素材です。そのため、雨の日や天候が崩れそうな日に着ていくことはあまりおすすめできません。

もし急な雨に降られたり、コーヒーか何かをこぼしてしまった場合は、すぐに乾いたタオルやコットンで水分を取るなどして、風通しのいい場所で自然乾燥させるといいでしょう。

シーズンオフになったからと言って、適当なクリーニング屋さんに出すのもダメ。カシミアの扱いを熟知した専門のクリーニング屋さんならかまいませんが、町のクリーニング屋さんではせっかくのいいコートを台なしにしてしまう恐れもあるので、注意が必要です。

ナイロン製のスプリングコートなども同様ですが、襟(えり)ぐりの部分は汚れやすいので、帰宅したら必ず汚れを落とすこと。ナイロンなどの化学繊維のものならば、固く絞ったタオルで拭(ふ)き取ればきれいになるので、しっかり拭き取ってから自然乾燥させるという簡単な手入れだけでも、心がけておくといいでしょう。

クローゼットに収納しておく場合も、ホコリが溜まらないようにしましょう。あとは日が当たらない風通しのいいところに、きちんとハンガーに掛けて保管しておくのがベスト。完全に汚れを落としたつもりでも、クローゼットのいちばん奥でカビが生えている……なんてことがないよう、いいものを長く着るという意識を忘れずに。収納方法もある程度は気をつけておくことが大切です。

COLUMN 3

スタイルの基本と身だしなみ

洋服を着る前に、まず中身を磨くことが大切

これこそ、本質的で根本的な話になってしまいますが、洋服を着る前の中身がカッコよくなければ、美しいスタイルは決して完成しません。

それは、美男子であるということではなく、いくらいいスーツやジャケット、シャツを着ていても、手を出したときに指の爪が汚かったり、笑った瞬間に覗く歯がなかったり汚かったり……しては、洋服を着る以前の身だしなみの問題です。

これは男性だけでなく女性にも言えることですが、肌質、髪質、髪型、爪、歯、香りなど、そういう中身に関する部分を健康的に保ち、磨くことが大切なのです。

健康的な肉体をつくる、維持するという面で、きちんとバランスの取れた食事を摂(と)ることや、十分な睡眠を取ること、生活のリズムを正すという根本的な部分が、それこそスタイルすべての根本につながっているのです。

現在のビジネスシーンでは、髪型に関しての常識がかなりゆるくなっています。スーツスタイルの説明をした際、よくも悪くも基準値が上がっているという話はしましたが、髪型に関しても欧米化の流れが進み、髪の色を明るくしたり、髪の毛を伸ばしたりしていても、さほど会社から注意されなくなりました。

ただ、ビジネスマンがホストのような華(はな)やかな髪型をしてスーツを着ていても、それはホストにしか見えませんし、逆にスーツに似合うような七三分けにしてTシャツにジーンズというラフな格好をするのも、トゥーマッチです。

つまり、髪型というのは人をイメージさせるうえでとても重要な要素であり、その人のスタイルは髪型で決まると言っても過言ではありません。髪型がそれなりでなかったら、どんなに仕事ができても評価を下げてしまうこともあるのです。

ビジネスシーンに合う髪型という話の前に、まずは髪質をよくしておくこと。これは繰り返しになってしまいますが、爪や歯と同様で、健康的という意味で、きちんとした生活リズムと、ヘアケアを怠らないことが大切です。

毎日洗髪するのが当たり前ですが、髪を洗う場合はヘアマッサージもする。髪が長ければ、濡れた髪をタオルで拭くだけではなく、ドライヤーを使ってきちんと乾かすことも重要です。食べるものにしても、いいものばかり食べていてはダメ。頭皮の脂分が多くなり、抜け毛の原因になってしまいます。

男性は女性に比べ、髪の毛の手入れをすることを怠る傾向にありますが、最低限のヘアケアをしておくことも絶対に必要です。髪型よりまずは髪質。同じ髪型をしていても、年齢は髪質に出てくるもの。逆に髪質がよければ、バリバリ仕事ができるエネルギッシュな男性に見られることでしょう。

では、具体的に髪型を決める際に気をつけるポイントはどこにあるのか？ これは僕の記事などでも言っていることですが、四十代の大人の男性が意識すべき髪型として、スーツスタイル、タキシードなどのフォーマルスタイル、カジュアルなジーンズスタイル、そして水着が似合う髪型をするといいと思っています。

四十代とは人生の中間。ファッションも中間がちょうどいいという考え方で、カジュアルすぎもせず、クラシックすぎもしない。まさに「過ぎたるは猶及ばざるが如し」です。適度な清涼感は必要ですが、ビジネスシーンでの威厳もなければいけません。そういう要素を意識して髪型を決めるといいでしょう。

水着に似合う髪型というのは、普段はきちんとしたビジネスマンなのに、プールサイドでは濡れた髪がボサボサに。そのギャップが女性の心をくすぐるセクシーさとなるという、僕の遊び心的発想。普段は見せないそういう姿を持っておくと、男としての深みは増すはずです。

少し話が逸れてしまいましたが、ビジネスマンならスーツスタイルに似合う髪型が基本中の基本です。ただ、ビジネスシーンに合うということを意識しすぎるのではなく、ある程度の応用性を持った髪型にしておくというのも大切だということなのです。

髪型を決めるのも、洋服選びによく似ている

具体的な髪型を決めていくにはまず、自分がどんな顔をしているのか、どんな顔の大きさなのかを知る必要があります。日本人の顔は欧米人に比べて平面的であるため、洋服が似合う半面、彼らのような髪型は似合わないことが多い。ですから、その平面的な顔をいかに立体的に見せるのかを考えてオーダーするといいと思います。

また髪の毛というのは人それぞれ違います。柔らかいのか硬いのか、茶色いのか黒いのか、多いのか少ないのか、クセがあるのかないのか。そういった質感だけでなく、生え際の位置や額(ひたい)の広さ、もみあげの形など、個人差が多いため、この髪型がいいという正解は、いろいろと試してみなければわからないでしょう。

つまり、自分の骨格や顔のバランス、髪の毛の質というものも、きちんと理解し研究しなければなりません。そのためには、ヘアサンプルをよく見ること。自分に似合う髪型という情報を少しずつアップデートしていく必要があるのです。

僕は、ヘアメイクの越智めぐみさんがやっている表参道にある「アルファァラン」という信頼できる美容室に通いだしてもう十五年になります。僕の仕事上、髪を切りにいく頻度は一般のビジネスマンよりも高いですが、切りにいく際はよく、自分がしてほしい髪型を説明するためにイラストを書いていきます。そうやってきちんとイメージを伝えなければ、せっかく研究した成果を試すことはできません。もちろん、美容師も信頼できる人のほうがいい。僕のように、普段はどんな洋服を着たいとか、どんな格好をする予定だとか、自分の趣味や趣向を伝えておけば、美容師が髪を切る際にイメージを抱きやすいもの。そうやって常連になれば、多くを伝えなくても、したい髪型をすぐに理解して、それを形にしてくれるようになるでしょう。

まとめると、まずは自分のことをよく知ること。そして、多くのサンプルを見て似合う髪型を研究すること。それを信頼できる美容師に伝えること。そういう部分では髪型ひとつ決めるのも、洋服の選び方によく似ていると思うのです。

いかに自然体に見えるように工夫するか

髪型、髪型とばかり言っていますが、すでに髪の毛がないという人もいるはず。じつは私も、先日行ったヘッドスパで、将来は八〇%の確率でハゲるという恐怖の診断を受けてしまったのですが、そういう悩みを持つ男性も少なくないでしょう。

最近あまり見かけなくなりましたが、頭頂部がハゲてしまったのに、それをムリに隠そうとサイドの部分から髪の毛を持ってくる、いわゆるバーコードヘアのような髪型は、正直カッコ悪い。ムリに誤魔化したり、若づくりしようとせずに、いかに自然体でいるかというのも、大人の男性の魅力につながると僕は思うのです。

これは髪型だけでなく、体型についても同じことで、ハゲているからカッコ悪いわけではないし、太っているからでも、身長が小さいからでもない。カッコ悪さを出してしまっているのは、それを誤魔化そうと足掻(あが)いている自分なのです。

身体的なことは努力では治らない。抜けてしまった髪の毛が生えてくることはもうないのだという事実を、まずはきちんと受け入れなければならないと思います。

そのなかで、歯が汚いのであればホワイトニングを行うのもいいし、髪が薄くなってきたならば育毛に励むのもいい。もう髪がほとんどないなら、潔く切ってしまうのもいい。太っているのならば、力強いキャラクターをつくってカッコよく見せればいい。整形手術をすればとまでは言いませんが、そういった自分の欠点をいかに自然体に見せるか、工夫する必要があるというだけなのです。

これは簡単なテクニックのひとつですが、髪の薄い人がそれをぼかすやり方として、肌の色と髪の色のコントラストを弱めるという方法があります。それは髪を短くして軽く日焼けをすること。適度な日焼けならば、健康的に見せてくれる効果もあります。髪の色と肌の色を近づけるという意味では、体毛が濃い人も日焼けをすれば、毛自体に目が行かなくなるという効果もあるのです。

自分の欠点から逃げるのではなく、きちんと向き合っていく姿勢も、カッコいいスタイルづくりには必須科目なのかもしれません。

第4章 シューズ

安易に考えてはいけない靴選び

「お洒落は足許から」という言葉があるように、スーツスタイルの着こなしは、履いている靴で大きく変わります。いくらいいスーツを着ていても、足許がアンバランスでは台なしになってしまいます。

家のなかで靴を脱いで生活する日本人には馴染みがないかもしれませんが、「靴は身体の一部」という考え方がインターナショナルスタンダードです。靴は足を保護し、大地を踏みしめる身体の一部だという考え方ですから、安易に靴を選んではいけません。イギリスでは社会人になると、スーツよりも先に高価な革靴を購入するのですが、これは身だしなみを整えるために、靴がいかに大切な役割を果たすかを示しているエピソードです。ですから日本人も、毎日のように履く靴には、もう少しこだわりを持つべきだと思うのです。

では、靴を選ぶ際はどんなことに気をつけるべきなのか？　そこでまず重要となるのが、自分にとってのいい靴とは何か、を考えることです。

千場流靴選びの基準

SHOES

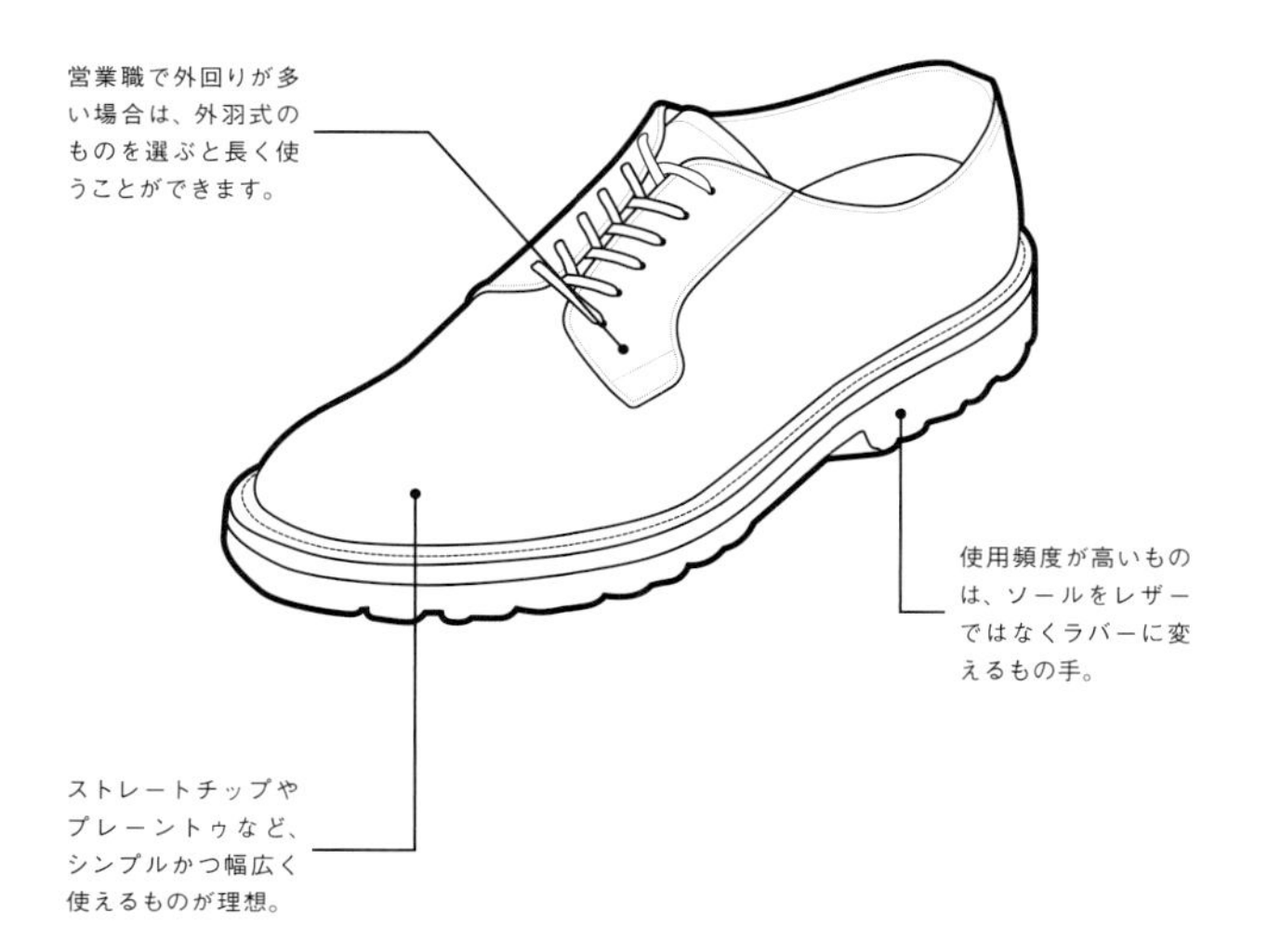

デスクワークと外回りとでは、仕事の環境が異なります。ですから、選ぶべき靴が変わるのは当然。いろいろな場所に出向く営業職ならば歩きやすく、耐久性のある靴を選んだほうがいいに決まっています。

たとえば、革靴の靴ひもを通す穴の部分を「羽根」と呼びますが、羽根の部分が甲とつながって一体化しているものが内羽根式、甲の上に羽根が乗っているものが外羽根式と分類されています。外羽根式は内羽根と比べて動きやすいので、外回りが多い営業職には「いい靴」です。

また、コンクリートやアスファルト上での移動、雨の日をなど考慮すれば、ソールはレザーよりもラバーのほうがいい。このようにビジネスシーンでも、履くべき靴は千差万別。「自分にとってのいい靴」を考えることが肝心で、そのうえで履きやすく、スーツやジャケットに似合うエレガントな靴を選択するのが理想だと思うのです。

どこにでも履いていける靴の条件とは？

スーツにフィットする革靴は、どんなフォーマルな場にも対応できるストレートチップのタイプが基本です。黒か茶のストレートチップなら多くのスーツスタイルに合い、どんなシーンにでも履いていけます。

ちなみに、革靴は足許を引き締めるためにスーツより濃い色を選ぶのがセオリー。黒の革靴は礼装を含めてどこにでも履いていけますが、オーソドックスすぎて、ときとして堅苦しい印象を与えてしまう場合も。そういうときは、ネイビーのスーツには濃い茶の革靴を合わせるなど、シーンによって使い分ける意識を持つといいでしょう。

そのほかに意識してほしいのが、足や裾幅に対しての革靴の大きさです。よく裾幅がすごく細いスーツを着ているのに、華奢（きゃしゃ）な革靴を履いている人がいますが、全体として見ると安定感に欠けてしまいます。やはり、スーツとのバランスは安定感が必要です。

スーツに対する革靴の幅というのは見逃しやすい視点で、丸すぎたり細すぎたりするのはバランスが悪い。これも「過ぎたるは猶及ばざるが如し」です。僕が考えるに、スーツには ラウンドトゥのつま先が美しいと思うので、トゥが丸すぎる「トリッカーズ（Tricker's）」のような靴は、じつはビジネスシーンではあまりカッコいいとは思えません。「トリッカーズ」はカントリーサイドで履く靴です。

靴はスーツやジャケットなどと異なり、基本的なデザインが変わることがありません。そういう意味では、ビジネスマンにはベーシックな革靴がいいでしょう。具体的に言うと「ジョンロブ（John Lobb）」「チャーチ」「クロケットジョーンズ（Crockett&Jones）」は、世界中で認められているブランドでもあり、どこにでも履いていけると思います。

そのほかでは、僕が最近履いている「ブルネロ クチネリ（Brunello Cucinelli）」もおすすめです。僕のものはアンティーク家具のような深みのある茶色なので、季節を問わずエレガントさを醸し出しながら履くことができます。

「ブルネロ クチネリ」は非常に軽く、履き心地が快適なのも魅力です。僕も取材や撮影で長時間歩くことが多いのですが、外回りの多いビジネスマンにとって、もっとも重要なのは履き心地だと思います。

さらにこの靴はソールの貼り替えができるタイプなので、しっかりとメンテナンスをすることで長く履ける「エコノミカル・ラグジュアリー（エコラグ）」な革靴でもあります。どんなにいい靴でも、履きやすくて長くつき合えないと意味がありません。

ちなみに僕は、デザイナーの坪内浩さんと「WH（ダブルエイチ）」という革靴のブランドを展開しています。「WH」はインターナショナルスタンダードであることをコンセプトに、世界のビジネスマンが履きやすく、エレガントでカッコいいスーツやジャケパン・スタイルに似合う靴をめざしたブランドです。

軽くて履き心地をよくするために、スニーカー発想でつくり上げたドレスシューズというアプローチから、中敷きにカップインソールを入れて足当たりのよさを高める工夫を施しています。

素材はフランスの皮革メーカー「アノネイ」社の厳選したボックスカーフを採用しているので、耐久性もあります。坪内氏の普遍的で美しいエッグトゥのデザインは、スーツやジャケットのほかにも、ジーンズやショーツなどに合わせて、オールマイティに使えるはずです。

靴の価格はクオリティを正確に反映する

靴はスーツやジャケットとは違い、基本的なデザインが変わらないという話はしましたが、トレンドがなく長く使えるアイテムであるぶん、多少値が張ってもできるだけいいものを買うべきだと僕は思います。

靴の価格はクオリティを正確に反映するので、丁寧につくられた上質な革靴はそれなりの値段がします。つまり、安価な靴はそれだけ品質が落ちるので、快適な歩行を得たいのであれば、最低でも五万円くらいの予算は用意したいところです。

しかし、限られた予算でスーツスタイルに必要なアイテムを揃えるとなると、予算の大きな部分を占めるのはスーツであると考えるのは必然。そういう場合はなるべく安価でいいものを探すことも大切となるでしょう。

　ただ、スーツスタイルを完成させるには、靴も重要なアイテムのひとつです。つまり、いいスーツだけを買って満足するのではなく、コートでも靴でも、いいものを焦らずひとつずつ揃えていけばいいのです。

　自分にふさわしい適正価格のものをまずは購入し、長く使うことを想定したいい靴は、お金を貯めてから買うようにする。そうすればムリなくスーツスタイルを完成させていけると思います。

革は生きているという認識をもつ

　革靴は、履き続ければ続けるほど自分の足にフィットして、美しさが増していきます。革靴を五年、十年ときれいに使っていくには、定期的な正しい手入れが必要です。手入れを怠（おこた）ると、いくらいい靴でも輝かせることができません。

　革靴の手入れで重要なのは、革は人間の皮膚のように生きた素材だということを認識し、栄養を与えてあげること。まず革靴を購入したら、一週間に一度くらいの割合で油性クリームを塗りましょう。これを半年間繰り返せば、革に油分が染み込んで長年使える下地ができ上がります。

この作業は、革靴が古くなってからやっても意味がありません。いい靴を購入したら早い時期から下地をつくり、以降は手入れ時に油性クリームで栄養補給すればいい。

一日履いた靴は、帰宅後に固く絞った綿の布で表面の汚れを落とし、あとは手入れ時に革が吸った水分を二日以上乾燥させるだけ。革の天敵は、汚れと水分です。

ちなみに革靴が足から吸う汗の量は、一日でコップ一杯分と言われます。外回りの営業職ならもっとたくさんの汗を吸い込んでいるはずなので、できれば三足くらいは用意しておき、ローテーションさせるといいと思います。

月一回の手入れを習慣化する

日々の手入れは重要ですが、ズボラな人でも月に一度の手入れはするべきです。

まずは革靴にシューキーパーを入れてシワを伸ばし、全体の汚れとホコリを靴用ブラシなどで落とす。アッパーとソール部分はホコリが溜まりやすいので、重点的に落とすこと。シューキーパーがない場合は、丸めた新聞紙でも代用できます。

汚れとホコリを落としたら、次は汚れ落とし用クリーナーを綿の布につけて、全体を拭き上げます。この段階で油汚れと古くなったクリームを除去し、拭き終わったら十五分ほど乾かします。クリーニングはこれで終わりです。

次に乳化性クリームを全体に薄く塗り伸ばして、革に栄養分とツヤを与えます。革の栄養が抜けて乾燥していると、履きシワの部分から革が割れやすくなりますが、乳化性クリームを塗りすぎると、逆に型崩れの原因にも。綿の布で薄く塗り込み、余分なクリームをしっかりと拭き取るのがポイントです。

最後に油性クリームをつま先、かかと、靴底との縫い目に塗ります。油性クリームは光沢を出して、傷や雨から守ってくれる効果があります。油性クリームは全体に塗ると通気性が悪くなるので、部分的に使用しましょう。

収納時はシューキーパーを入れた状態で、湿気のこもらない場所に保管を。二、三日ほど休ませると、汗などで湿った革が乾き、カビ、雑菌、臭いの増殖を抑えることができるでしょう。

革靴を長年使っていると、革が劣化するなどのダメージがつきもの。とくに靴底のダメージはわかりにくいため、気がつくと穴が空いてしまっていることもあります。

僕の場合、信頼できる靴修理の職人さんに依頼し、大事に履いている靴は定期的に状態を見てもらうようにしています。「餅は餅屋」というように、大切な靴の修理は、多少高くても匠(たくみ)の技を持つ職人さんに任せるのが理想だと思います。

繰り返しになりますが、革は生きている素材。革靴をこまめに手入れする作業はたいへんかもしれませんが、習慣化して続けていくと、靴に愛着が生まれてくるはず。

最初は面倒かもしれませんが、毎日の手入れはわずか数分、月に一度の手入れは馴れると二十分くらいの手間。まずは手入れを習慣づける姿勢が大切です。いい靴を活かせるかどうかは、手入れを習慣化することがカギなのです。

COLUMN 4

ショップとのつき合い方

知らないことは恥ずかしいことではない

スーツや靴はどういったショップで購入すればいいのか。意を決してスーツをオーダーしようと思っても、いい加減なオーダーサロンのようなところで、胡散臭(うさんくさ)いことばかり言うショップスタッフのような人にすべてを任せてしまっては、当然、いいものなどつくることはできません。そんなところでスーツをつくるのであれば、吊るしのいいもののほうがよっぽどいいでしょう。

スーツの章でも、既製品を購入する際はセレクトショップや百貨店がおすすめだということを書いていますが、スーツだけでなく、シャツや靴、服飾小物も扱っているという点でも、最初にセレクトショップに行くのは、やはりベストだと思います。

じつは僕は、若いころ「ビームス」で働いていた経験があります。セレクトショップというものがどういう経営をしているのか少しはわかっているつもりですが、なかでも「ビームス」や「ユナイテッドアローズ」などの老舗と言われるセレクトショップは、企業努力を怠っていません。

それは品揃えという意味でも、きちんとインターナショナルスタンダードなブランドを取り揃えています。スーツでたとえるなら、クラシックながらもいまの時代の空気感をしっかりと抑え、このくらいの生地なら、このくらいの形なら、という感じで、適正なプライスで販売しているのです。ビジネスマンが着るべきスーツをきちんと研究しているセレクトショップは、スーツの知識に明るくない人でも、信頼して買いものができるのではないでしょうか。

また、セレクトショップに限らず、無意味に高額な商品を勧めてくるようなショップには、行かないほうが無難だと思います。どういう生地を使い、どういう縫製を行い、ほかのスーツとここが違うから高額になってしまうなどと、価格に対する説明を最低限してくれるショップがいいでしょう。

信頼という意味では、知識のあるスタッフがいることも、いいショップの条件のひとつです。知識のないスタッフに、適当なものをすすめられてしまってはたいへんです。

そういう点でも、セレクトショップや百貨店はおすすめできます。セレクトショップや百貨店のいいところは、扱うアイテムが自社ブランドだけではないということ。数ある国内外のブランドを販売するには、そうとうな知識を持っていなければいけません。そのためのスタッフ教育はきちんと行なっているのです。

仮に接客してもらったショップスタッフの知識量が少なくても、わからないことは先輩のスタッフがサポートしてくれるでしょう。そこでスタッフを換えてもらってもかまいません。そういう洋服の知識のある人材が多数在籍しているという意味でも、セレクトショップや百貨店は間違いないのです。

スーツにしても、コートにしても、靴にしても、長く使えるいいものを買いに行くわけですから、そのショップを信頼できて、信頼できるスタッフがいるから安心できる。まずはそういった点を基準に、探してみるといいでしょう。

でも、信頼できるショップを見つけたからといって、そこで終わりではダメ。少しずつでもいいので、本当にいいものとは何か、という知識をつけていってください。必ずしもショップスタッフが、自分のスケジュールに合わせてお店にいてくれるとはかぎりません。ネクタイやチーフなど、ちょっとしたものなら、身近なショップで購入することもあるはずです。

これは洋服だけに限らず、食べ物などでも同じ。何も知らずに買い物をするよりも、事前にある程度のリサーチをしておいたほうが、失敗は少ないものです。

知らないことが恥ずかしいことなのではなく、知らないのに知っているふりをして、間違ったものを買ってしまうほうがよほど恥ずかしいこと。

本書を読んでいただいた時点で、少しは知らないことが解消されているといいのですが、「まずは何でも知ろうとする」ということが基本なのではないかと思います。

第5章 時計

基準は「エコノミカル・ラグジュアリー」

スーツやコート、シューズを理解したら、次は腕時計や服飾小物関係について紹介したいと思います。

さまざまなデザインがあり、値段にも幅がある腕時計に関して、「どのようなものを選べばいいのか？」と悩んでいる読者も多いと思います。

腕時計に対する僕の考え方ですが、ほかのアイテムと同様に、どういうときに、どんな目的で使用するかを基準にしています。これは落合正勝さんの著書にも書かれていることですが、スーツスタイルを基本とする場合は、革ベルトの腕時計を合わせるのがセオリーです。

しかし、このセオリーを忠実に守るのであれば、黒い靴のときは黒い革ベルトの腕時計、シルバー金具のベルトを着用するときはシルバーケースの腕時計といった具合に、スーツ用だけでも最低数本の腕時計が必要になってしまいます。

もちろん、潤沢な予算があれば、いい腕時計を何本か揃える方法もあります。ただ、僕の

干場流時計選びの基準

WATCH

哲学から生み出した、きわめて経済的だが、上質さやエレガントさは失わない「エコノミカル・ラグジュアリー（エコラグ）」という造語的に考えると、スーツスタイルのときも、少しラフになるジャケパン・スタイルのときも、さらにはオフのときにもマッチする腕時計を一本選ぶことをおすすめしたいと思います。

そこでポイントになるのが、極めつけの一本を選んで長く使うこと。いい腕時計はそれなりの予算が必要になりますが、厳選した一本を使い続けることができれば、とても経済的であり、「エコラグ」の考え方にもつながっていきます。

着用シーンを選ばない究極の一本は何か

現在は、正確な時間を知りたいなら携帯電話で十分ことが足りてしまいます。ただ、スーツスタイルを完成させるためには、腕に時計があったほうがいいでしょう。そこで間違いのない選択をするのであれば、「丈夫さ」や「正確さ」といった部分を重視すべきだと僕は思っています。

腕時計のサイズは、あまり大きすぎてもトゥーマッチ。スーツスタイルにフィットするのは、文字盤がベーシックな白か黒、そしてケースサイズが三十八㎜くらいのステンレススチール製の腕時計がベストです。

そういった観点で考えると、インターナショナルスタンダードであるブランドとして、「ロレックス（ROLEX）」なら間違いがありません。「ロレックス」は言わずと知れた高級腕時計ブランドですが、その本質は実用性にあります。品質や耐久性・防水性などを考えると、価格とのバランスが非常にすぐれていることがわかります。

有名な腕時計ブランドの多くが十八世紀または十九世紀に創業していますが、「ロレックス」は意外にも二十世紀に創業した比較的新しいブランドです。それが今日では、世界的な腕時計ブランドへと成長しました。その背景には、やはり前述した価格と性能のバランスが大きな理由となっているのは疑う余地がありません。

実際に僕も「ロレックス」を長年愛用していますが、とにかく丈夫でなかなか壊れないし、これまで大幅に時間が狂ったことがない。「ロレックス」は防水性が高いオイスターケースを採用していますが、他メーカーの腕時計に比べて水に強いことが実感できます。それゆえ、ビーチやプールサイドでも着けられる。腕時計選びには、こういった「実用的かどうか」といった部分も肝心なのです。

「ロレックス」の代表的なモデルには「エクスプローラー」や「オイスター」、「エアキング」など、たくさんの種類がありますが、そこは趣味やライフスタイルの範囲で選択すればいいと思います。たとえば、取材、打ち合わせ、撮影、会食、海外出張、余暇など、さまざまな洋服を着る機会が多い僕の場合、「ラグジュアリースポーツ」というジャンルの腕時計が、いろいろなスタイルにマッチします。

そこで僕が厳選した一本は、「ロレックス」の「サブマリーナー」。それは僕がスポーティな腕時計を好きだということもありますが、「サブマリーナー」はジャケット姿にも合いますし、ジーンズ姿にもハマる。さらには水着にも似合い、着用シーンを選ばないすぐれものです。極論的に言えば、「サブマリーナー」が一本あれば、ほかの腕時計はいらないと考えています。

ちなみに『007』シリーズの初代ジェームズ・ボンドもこの腕時計を着けていましたが、映画のなかで「サブマリーナー」は男らしさをさりげなく強調していました。正確な時間を刻んで耐久性もあり、さらにデザインがここまで完成されている腕時計はなかなかほかにはないと思います。

「サブマリーナー」のほかには、「オーデマ ピゲ（AUDEMARS PIGUET）」の「ロイヤルオーク」もとてもいい時計だと思います。ラグジュアリースポーツの先駆者的な存在である、時計デザイナーのジェラルド・ジェンタ氏がデザインした「ロイヤルオーク」は、つねにスポーティなデザインで、ベルトのパーツは一点一点を丁寧に仕上げられており、僕のような角張り気味の腕の形にフィットする腕時計です。

余談ですが、「ロイヤルオーク」の三十八㎜が誕生したのは、僕が生まれた年の一九七二年。「ロイヤルオーク」にはもう少し大きいサイズのものもありますが、ベーシックなのものはやはり三十八㎜です。

よく、少し大きめの腕時計をあえて着ける人もいますが、スーツスタイルのバランスを考えるとそれは間違い。たとえば、「ロイヤルオーク」のスタンダードは、最初に登場したその三十八㎜。時代によって大きさは変われど、基準値はずっと変わっていません。ということは、このサイズがスタンダードとして完成している証拠であり、腕時計のサイズでファッション性を出そうとする考えはナンセンスなのです。

「ロイヤルオーク」のデザイン的な特徴としては、「サブマリーナー」と同じくらい堅牢(けんろう)で質実剛健さも感じさせ、より大人の雰囲気を醸(かも)し出す。そういう意味ではビジネス寄りの腕時計と言えるでしょう。

海外では、腕時計でその人を判断される

腕時計を突き詰めていくと、いい時計はいくらでもあります。「パテックフィリップ」や「ロレックス」、「オーデマ ピゲ」や「カルティエ（Cartier）」に限らず、世界には機能的で美しい腕時計のブランドはたくさんあります。

また、「スーツには革ベルトのクラシックな腕時計」という人もいます。それはそれで味があるのは事実ですが、現代の生活をしていくうえで、クラシックすぎるのもトゥーマッチ。まさに「過ぎたるは猶及ばざるが如し」です。

日本で言えば、「グランドセイコー」がすぐれた腕時計であるのは誰もが認めるところでしょう。僕も何年も愛用していますが、つくりの真面目さと不偏的なデザインはインターナショナルスタンダードです。

腕時計のインターナショナルスタンダードは、海外に行ったときに肌で感じることができます。たとえば、海外のホテルやレストランの人たちは、服装のほかに必ず腕時計を見て人を判断しています。日本人は腕時計まで見られていないと考えている人が多いのですが、海外では、最終的に腕時計でその人を判断されることも少なくありません。

ですが、こんなシーンでも前述のようなの腕時計を着けていれば、スーツや靴、コートと同じように、ホテルやレストランを訪ねた際に、きちんとした人間と認められることになる。これらの腕時計は、どこへ行ってもしっかりとした扱いを受けることができるオールラウンダーなのです。

結論としては、多少高価なものであっても極めつけの一本を選ぶことが大切。いろいろと着け替えている人ほど、自分に合った腕時計を手にしていないことが多いものです。結果、それはムダ遣いで自分のスタイルを完成することができていないということなのです。

これは腕時計以外にも言えることですが、ベーシックで上質なものを手に入れることができれば、経済的かつ美しいスタイルを生み出してくれます。これこそまさに「エコラグ」です。

長く使うためには欠かせないオーバーホール

どんなにいい腕時計でも、中身のパーツは年々劣化して、ムーヴメント内の油も汚れてしまいます。「ロレックス」に限らず高級とされる腕時計はつくりが複雑なため、機械の故障や時間に狂いがなくても、オーバーホールを怠る(おこた)と腕時計の寿命を縮めてしまうことにつながります。

腕時計を傷めてしまい、結果、故障してパーツを交換するとなると、オーバーホールの数倍以上の代金となってしまうケースも少なくありません。選りすぐりの腕時計とできるだけ長くつき合うには、機械の故障や時間の遅れが出てからではなく、定期的にオーバーホールするほうが経済的です。

ちなみにオーバーホールとは、腕時計の中身を分解して点検・修理・洗浄を行うことを指します。言うなればクルマの車検のようなものですが、細かい部品の状態を確認したうえで、上記の工程を経て改めて元の状態へ戻す。つまり、一から腕時計を組み立てる、修理以上の手間がかかる作業です。

腕時計のオーバーホールは車検と違って義務的に定められたものではありませんが、三〜四年に一度くらいの割合で行うのが理想でしょう。

では、オーバーホールをするときにメーカーに依頼すべきか、町の時計屋さんに依頼するか、どちらの選択が正しいのでしょうか。

たとえば、「ロレックス」の場合、日本には代理店としてメンテナンスやサポートに力を入れている「日本ロレックス」があり、東京都内にある修理センターでは数百人の時計技術者が働いています。修理センターには製造を中止してから三十年以内のすべてのパーツがストックされており、モデルの大半はオーバーホールが可能。

オーバーホールのほかにもパーツの交換、ケースの研磨なども依頼することができるので、使用感の出てきたものや、親から譲り受けた大切な時計なども新品に近い状態で帰ってきます。これには感動する人も多いはずです。

ただ、ユーザーにとっていちばんのネックになるのが代金。一例として「デイトジャスト」の場合、オーバーホールだけでも五万円ぐらいの代金となり、長いあいだメンテナンスをしていないと、部品交換代なども含めて十万円を超えることも珍しくありません。

これは特殊な事例かもしれませんが、「サブマリーナー」のオーバーホールを依頼したところ、ケースの交換を求められて二十五万円の見積もりになった事例もあったとか。長年使うために厳選した腕時計をしっかりとメンテナンスしてくれるのはうれしいかぎりですが、高額すぎる代金は懐(ふところ)に厳しいもの。

また、「日本ロレックス」では、修理代を節約するためにパーツの一部を交換するといったメンテナンスを受け付けていません。つまり、修理をする場合は中身が新品同様になる半面、代金はかなり高額になってしまうというデメリットもあるのです。

さらに言うと、複雑な修理が必要なときは海外の本社へ送るケースもあり、手許に戻ってくるまでに数カ月から半年ほどかかってしまうことも。これらのデメリットは、ほかの高級腕時計メーカーにも同様に言えることでしょう。

では、町の時計屋さんにオーバーホールを頼んだ場合、どんなメリットとデメリットがあるのか？　最大のメリットは代金の安さ。代金は腕時計の種類によって前後しますが、メーカーに比べると三〜五割ほど安くなるのが一般的です。

オーバーホールの代金は腕時計の価格と比例するので、決して安いものではありません。同じオーバーホールをするのであれば、代金が三割〜五割も安くなればかなりのメリットでしょう。

デメリットとしては、町の時計屋さんは純正の部品を入手しにくいので、修理の場合は社外パーツを使われてしまう場合があること。また、町の時計屋さんは修理に必要な専用工具を持っていないこともあり、その場合、一般の工具で作業を行うため、作業の過程でパーツが傷つけられてしまうケースもあるので、注意してください。

そして、必ず覚えてほしいことが、町の時計屋さんは店舗ごとに技術力の差がかなり大きいことです。いまでは少なくなってしまいましたが、町の時計屋さんでも、メーカーの時計技術者と同レベルの技術を持つ職人がいる店舗も稀にあります。

ですが逆に、あまり技術力がない時計屋さんがあることも事実で、オーバーホールを頼んでもしっかりとメンテナンスできていないこともあるので、注意しましょう。

懐に余裕があり、しっかりとしたオーバーホールを望むなら、まずはメーカーへ依頼するのがベスト。ですが、信頼できる町の時計屋さんを知っているのであれば、まず腕時計の状態を調べてもらうのが経済的かもしれません。

パーツ交換を必要とする修理の場合はメーカーへ依頼し、オーバーホールは町の時計屋さんへ。といった具合に、うまく使い分けるのもひとつの方法です。

第6章

服飾小物（ネクタイ・チーフ・ロングホーズ）

社会におけるネクタイの意味とは？

スーツと言えば必ずネクタイというほど、スーツスタイルにおいてネクタイは重要な役割を果たしています。

ネクタイに対する僕の考えも、基本にあるのは「過ぎたるは猶及ばざるが如し」です。アクセントとしてやりすぎは逆効果となり、逆にやらなすぎもよくない。ただ、とくにビジネスシーンにおいては、きちんとしたネクタイが必需品です。

たとえば、スーツ姿でネクタイをしている人と、していない人が隣に並んでいた場合、どちらの人のほうが「できる人」に見えるでしょうか？ たいていの人は、「ネクタイをきちんとしている人のほうが、できる人に見える」と答えるはずです。

多くの人はスーツとネクタイをセットで考えるため、ネクタイをつけていない人はきちんとしていない、というイメージになってしまいます。もちろん、外見だけで決めつけるのは偏見にすぎません。しかし、ネクタイをつけるということは、相手に誠意や敬意を示す意味

干場流服飾小物選びの基準

NECKTIE,CHIEF

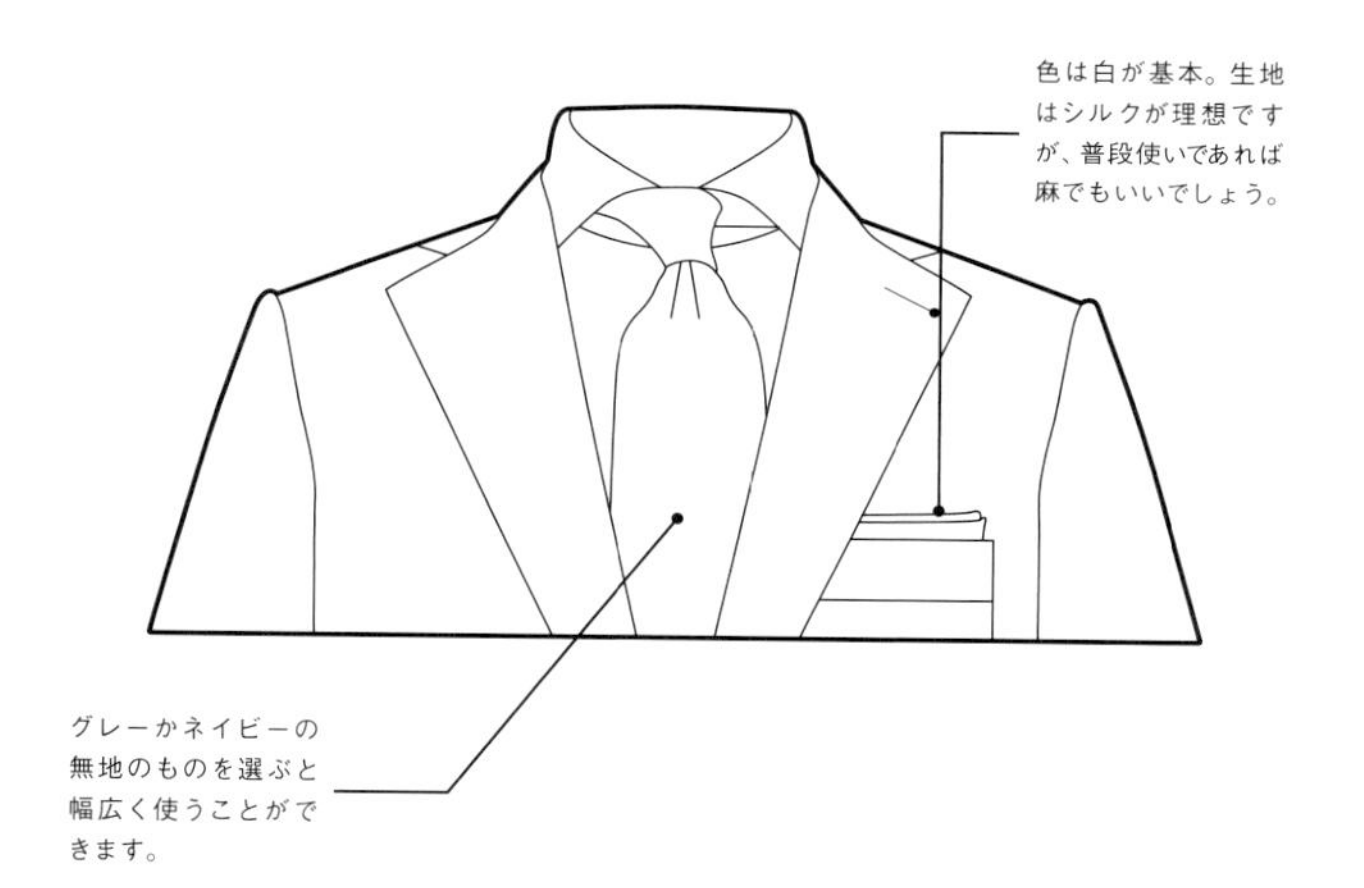

LONG HOSE

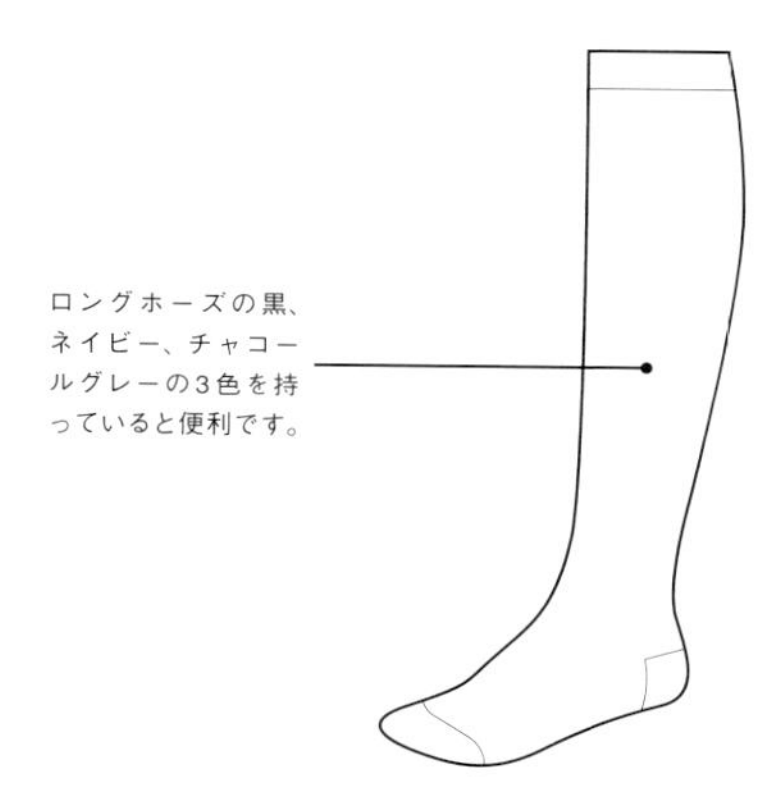

もあり、真面目さや真剣さの表れとされるのです。

また、インターナショナルスタンダードの観点で考えても、ネクタイは非常に重要で、つけているだけで社会の一員として迎えられます。海外ではスーツを着ていても、ネクタイなしでは入場を許されない場所もあり、逆にジャケットなしでもネクタイさえつけていれば、インフォーマル性を問われない場合もあります。

落合正勝さんも同様のことを言っていましたが、ネクタイは不思議な性格を備えているシロモノです。しかし、深く考える必要はなく、社会においてネクタイが重要な意義を持っていることを認識しておけばいいと思います。

僕がファッションの話をする際につねづね言っているのは、結局のところ「中身が大事」ということです。つまり、主役は洋服ではなく、あくまでもその人自身にあります。お金をかけてお洒落に着飾っても、その人が埋もれてしまうようなら、何の意味もなしません。

ネクタイを選ぶ際もこの考え方が基本。よく柄の入ったネクタイを何本も所有している人がいますが、極論を言うとその選択は誤りです。

ファッションにおけるよくある間違いとして、柄があることがお洒落という誤った認識があります。基本のコーディネイトとして、柄があればあるほど調整が難しいもの。ネクタイにはストライプやチェックなど柄ものが多く存在しますが、それを上手に合わせるのはとても難しいことなのです。

この基本を知らずに応用しようとすると、全体のコーディネイトはきれいに収まらず、バランスを取るのが難しくなってしまいます。

ムリせず気楽なスタンスでネクタイと向き合う

では、具体的にどういうネクタイを選べばいいのか？　ショップに行って数百種類あるネクタイのなかから一本を選ぶとなると、これがまた非常に難しい。

その選択は、着ているスーツによって異なるのは当然ですが、僕がおすすめするのは色がネイビーかグレーで、無地のシンプルなネクタイです。

僕が仕事のときのスーツスタイルで参考にしているのは、ピエール・ルイジ・ロロ・ピアーナさんの着こなし。ミラノの街にいるような落ち着きのある大人のイメージを意識しています。そんなロロ・ピアーナさんが着こなしているのが、ネイビーやグレーのストライプ系スーツ。このようなスーツには、ネイビーかグレーのシンプルなネクタイがフィットします。

ネクタイに柄があったり、光沢がありすぎると、相手の目線はどうしても柄にいってしまいます。すると、本来フォーカスすべきその人に目がいかなくなってしまう。その点、ネイビーかグレーの無地のネクタイなら、さまざまなスーツやジャケットに合い、その人の印象を薄めることもありません。どんなシーンでも浮くことがないという意味でも、ネイビーかグレーのシンプルなネクタイは持っていると便利。極論を言うと、あとは冠婚葬祭用の黒いネクタイを持っていれば、ほかはいらないと思います。

ネクタイを美しく結ぶために

ネクタイの幅は、自分にはバランス的に七〜八㎝がいちばん美しく見えると考えています。じつはこれもまた「過ぎたるは猶及ばざるが如し」で、十㎝になると太すぎて野暮ったくなるのでトゥーマッチです。

太いネクタイは男性的に見えるという意見もありますが、ネクタイ幅はジャケットのラペルの幅と同じがスタイリッシュで美しい。それが僕の場合は七〜八㎝というわけです。

そのほかのポイントとしては、締めてほどいてを繰り返すので、いかに丈夫であるかも重要です。素材はシルクやウールで、なるべくマットなタイプが理想ですが、あまりに硬すぎる素材だと、ゆるめるときに面倒なので、適度な素材感のあるシルクが使いやすいと思います。

僕が愛用しているネクタイは、「ブルネロ クチネリ」や「ロロ・ピアーナ」のネイビーの無地。ネイビーブルーとひと口に言っても、安っぽいネイビーもあれば高級感を漂わせるネイビーもある。「ブルネロ クチネリ」や「ロロ・ピアーナ」のネイビーは色が非常に美しいのです。値段は三万円弱とやや高めですが、素材がきわめて上質で、装飾品としてのネクタイの最高峰と言っても過言ではない。ノット（結び目）の部分のディンプル（へこみ）も美しく決まるので、とても重宝しています。このネクタイのようにしっかりとした生地感のものはじつは少なく、世の中にあまりないので貴重なアイテムです。

ネクタイに三万円は高いという人も多いでしょうが、丈夫につくられているので、普通のものに比べて二倍以上長持ちします。げんに僕は、十年ぐらい使い続けています。

なお、「ネクタイは窮屈(きゅうくつ)だ」と毛嫌いする人がいますが、それはTPOに合わせればいいだけの話。気温が高く天気のいいときは、上着を脱いでネクタイを外せばいい。デスクワークがメインの人は、四六時中ネクタイをつける必要もありません。

ケースバイケースでつけたり外したりして、ネクタイとつき合っていけばいいのです。ムリせず気楽なスタンスでネクタイと向き合う、これが僕の考え方です。

さりげなく胸もとを彩るポケットチーフ

女性と違いアクセサリーを多用することが少ない男性にとって、ポケットチーフは胸許を飾るアイテムです。最近ではビジネスマンが普段からポケットチーフを挿(さ)していたり、カジュアルなシーンでも見かけることが増えてきました。

ですが、日本人にはあまり馴染みがないポケットチーフは、結婚式やパーティ以外では、挿すことに抵抗がある人も少なくないのではないでしょうか。

そもそもポケットチーフの歴史とは、ネクタイを首に締めるのと同じで、フォーマルな衣装としての歴史があります。十九世紀ごろからヨーロッパのブルジョアが胸にポケットチーフを挿しはじめたことを起源とし、フォーマルなアイテムとして浸透してきました。

ポケットチーフを挿す文化がなかった日本人は、どうしても羞恥心(しゅうち)が先立ちますが、スーツやジャケットのスタイルにおいて、ポケットチーフは然(しか)るべき格好であり、全体のバランスを取りながら華(はな)やかにしてくれます。あまり深く考えず、さりげなく胸もとを彩るポケットチーフは、スーツスタイルを完成させるアイテムのひとつだと捉えてください。

ポケットチーフはスーツスタイルに合わせるアクセントの役割だと考えると、白い無地のポケットチーフが基本中の基本です。

もっともフォーマルな白いポケットチーフは、大人の必需品。パーティシーンなどではシルク素材のほうがいいですが、普段使いなら、麻でも問題ありません。

ピンからキリまでさまざまな種類があるポケットチーフのなかから、品質とバリュー感でセレクトするのが、「エコノミカル・ラグジュアリー（エコラグ）」。私が普段使っているのは、「ムンガイ（Mungai）」の白い無地のポケットチーフです。「ムンガイ」のチーフは三千円ぐらいとお手頃価格ですが、いろいろなスーツやジャケットのポケットにハマりやすいので重宝します。

ジャケットが紡毛（ぼうもう）素材になってくる秋冬シーズンは、ポケットチーフに変化をつけるのもいいでしょう。この季節に白麻だと少し軽い印象で、肌寒さを与えてしまうので、気温が低くなる秋冬に僕が使っているのは、ネイビーのカシミア生地にブラウンの細かなドット柄が入ったポケットチーフです。

このようなポケットチーフは、ネイビーのジャケットと非常に相性がいい。「ブルネロ クチネリ」や「ルチアーノ・バルベラ（Luchiano Barbera）」などでも取り扱っているので、一枚持っていると便利だと思います。

シーンによってポケットチーフを使い分ける

ポケットチーフをセレクトしたら、次は挿し方。挿し方で雰囲気が大きく変わるので、シーンに応じたスタイルをいくつか覚えておくといいでしょう。

いちばんスタンダードな挿し方は、別名「ＴＶホールド」とも言われるスクエアスタイル。折り紙の要領でポケットチーフを四角く折るだけのスタイルは、誰にでも簡単にできる挿し方で、五㎜～一㎝ほどポケットの外に見えるようにするがポイント。控え目な雰囲気をあしらってくれます。

僕は、ポケットチーフの挿し方にはあまりこだわりを持っていません。ハンカチの代わりに使ってもいいですし、カジュアルな場なら簡単に四つに折ったスクエアなスタイルでも問題ありません。

ほかの挿し方としては、チーフの中央を摘み、ポケットの上部にフワッと入れるだけのパフドスタイル。ポケットチーフにボリューム感を持たせ、見栄えがきれいでで華やかになる挿し方です。これはカジュアルなパーティ向けでしょう。スリーピークスは三つの角を立てたフォーマルなスタイルで、主賓や上位席に着く場合などで、威厳や貫禄を演出してくれます。

また、きちっとしたビジネスの雰囲気を少し変えてみたいという人には、麻の白いポケットチーフを少しラフな感じで挿すことをすすめます。堅い印象に見えるTVホールドだけではなく、パフドスタイルなどの華やかに見えるチーフ使いで、スーツスタイル全体の雰囲気を変えることも可能です。

ここで注意したいのが、ポケットチーフのカラーと柄。派手なポケットチーフはスーツやジャケットとのコーディネイトが難しく、組み合わせによっては胸許を飾るアクセントが台なしになってしまいます。これも「過ぎたるは猶及ばざるが如し」。

そういう意味でも白い無地のポケットチーフは、服装を問わずどのように挿してもいいアクセントになります。

ソックスはそれ自体が装いのひとつ

僕が提唱する「エコラグ」を象徴するアイテムと言えば、前述したシャツとこのソックスです。せっかく高価なソックスを買っても、すぐに穴が空いてしまったという経験は誰にでもあるはず。

毎日のように洗濯を繰り返すソックスこそ、言わば消耗品。三千円以上出して購入するのは経済的ではありません。といっても、廉価で良質なソックスはあるようであまりない。ソックスにどれくらいのお金をかけるべきか、わからない人も多いはずです。

ソックスの歴史をひも解いてみると、もともと日本では独立したアイテムという認識ではなく、靴と一対として考えられてきました。そのため「靴下」と呼ばれたのです。しかし、ソックスは靴があって存在するという考えは間違いです。イタリア人などは、夏場に素足でモンクストラップやローファーを履く人が多く、ソックスと靴はそれぞれが独立しているものなのです。

つまり、西洋におけるソックスは、お洒落のための独立したアイテムであると同時に、礼儀とマナーを兼ね備えたスーツ同様の位置づけなのです。一方、日本では礼儀とマナーといった他人のためのファクターが優先され、ファッションの観点ではあまり重視されてこなかったと思います。

落合正勝さんも著書のなかで言っていますが、ソックスはそれ自体、装いのひとつとして考えるべきなのです。

現代のソックスの役割は、主に以下の三つだと思います。ひとつ目は足を保護するため、ふたつ目は素肌をさらさないため、三つ目は靴とともに足許を引き締めるため。ソックスは足と靴をつなぐ調和のために大切なアイテムであり、「あまり見えないから適当でいい」という考え方は禁物です。

スーツやジャケットに合うソックスとは?

日本でのソックスの長さは、膝（ひざ）の位置を中心にして数パターンに分けられます。そのなかで、スーツスタイルに適しているのがロングホーズ。日本人の膝下の長さは平均四十cm前後なので、四十cm前後のロングホーズが適しているでしょう。このサイズなら、すね毛を人前にさらすこともありません。

エレガントなロングホーズにもっとも適した素材は、ウールに、上質な光沢感と肌へのやさしさを保証してくれるシルクを加えたもの。日本の場合、夏場は湿気が強いので、上質なコットン一〇〇%のロングホーズも上品だと思います。寒い冬場はウールやカシミアの素材がいいでしょう。

スーツやジャケットスタイルにフィットしやすいソックスの色は、黒、ネイビー、チャコールグレーの三色。ソックスをお洒落に見せようとして派手なものを履く人がいますが、全体のバランスが悪くなるようでは、それこそナンセンスです。

ネクタイにも同じようなことが言えますが、スーツスタイルにおけるソックスは、色味をできるだけ抑えるのがポイント。ごちゃごちゃした柄ものやワンポイント付きのものは、まったく必要ないと思います。

低価格でつくりのよさを実感できるロングホーズ

さて、僕がおすすめしているソックスは、「ナッソー」のロングホーズです。日本発のこのロングボーズは低価格なのに非常に高品質、長持ちする逸品です。

日本では、まだまだその名はあまり知られていませんが、ファッション業界では多くの人がこのブランドのソックスを愛用しているほど。安価なうえにここまで良質なソックスはなかなかありません。

以前、僕はセレクトショップでオリジナルのソックスを購入していましたが、「ナッソー」のロングホーズに出会ってからは、こればかり愛用するようになりました。ベーシックでほどよくトレンドを押さえているデザインも、気に入っています。

ちなみに僕はイタリアを訪れると、「カルツェドニア（CALZEDONIA）」というブランドのロングホーズを二十足近くまとめ買いします。価格は一足あたりたったの二ユーロ。すぐれた技術が詰め込まれて日本円で三百円以下なら、安すぎるくらいです。

仕事の都合上、僕は「ガッロ（GALLO）」や「ソッツィ（Sozzi）」などの一足四千円前後の高級ソックスも持っていますが、リブ編みなどもしっかりしていて三百円以下なら、迷わず「カルツェドニア」のロングホーズを選びます。

このロングホーズが三十足あれば、三年は持たせることができます。六十ユーロで千日使えると考えると、一回あたりわずか八円弱の計算。減価償却的にも「エコラグ」です。立体裁断のものは、履き心地もいいですし。

余談ですが、ミラノコレクションやピッティなどへ取材に行く日本のお洒落業界人たちも、このショップによく立ち寄っています。

男性もアイロンがけの意識をもつ

至極当然の話ですが、シワシワの洋服よりもきれいな洋服のほうが、清潔感を保つことができます。女性の視点から見ても、シワシワの洋服を着ている人とデートをしたくはないはず。ですが男性の場合、女性と違ってアイロンがけの意識が薄いもの。

僕は職業柄、毎朝アイロンをかけることが日課で、スーツやシャツはもちろん、チーフも、最後は自分で仕上げています。日本にはこういった文化がありませんが、イタリア紳士はチーフを家族にも触らせない人が少なくありません。最後のアイロンがけを自ら行い自分を表現することが、イタリア紳士の伝統なのです。

ファッションに気を遣いたいなら、クリーニングに出した時点で終わりという考えを正すべきなのです。

シャツをクリーニングに出すと、シワやカフス線が入って戻ってくる場合があります。ですから僕は、クリーニングから戻ってきたら必ず自分でアイロンをかけ直して、シワやカフスに入った線を消しています。こうしたちょっとしたひと手間が清潔感を保ち、スタイリッシュな着こなしにつながっていくのです。

本当に重宝するアイロンとは？

さて、僕がアイロンがけをするときに愛用しているのが、「ティファール（T-fal）」のスチームアイロンです。

このスチームアイロンは、適正な価格でスチームの威力が申し分なく、スーツやシャツはもちろん、チーフ、ネクタイ、ジーンズも美しく仕上げることができるシロモノ。布地との設置面が大きいので、素早くかけられるので重宝しています。

自分でアイロンがけができるようになると、スーツの襟（えり）をふんわりさせたり、もっこりと出た膝（ひざ）を復元することも簡単。アイロンのかけ方ひとつで、美しさや清潔感が断然変わってきます。クリーニング屋さんにすべてを任せるのではなく、ちょっとしたシワは自分できれいにするといった姿勢が肝心なのです。

いくら上質な洋服やアイテムを揃えたとしても、美しく着ないと絶対にきれいには見えず、清潔感も欠けてしまう。いいものをできるだけ長く、そして美しく見せるためにも、アイロンがけのテクニックを身につけてほしいと思っています。

第7章 バッグ

自分にはどんなタイプの鞄が必要か

ビジネスで成功している人や仕事ができる人の多くは、相手に対して失礼のないスタイルを心得ています。とくに、まだ信頼関係ができていない段階においては、相手に与える第一印象は非常に重要です。もちろん、いちばん大事なのはその人自身ですが、相手の信頼を得るためには、鞄にも気を配りたい。ビジネスの世界で一目置かれている人たちは、鞄も世界で通用するベーシックなスタイルを完成させています。

三十代以上の男性なら、大人の雰囲気を醸し出すビジネス鞄は必需品です。

しかし、ひと口にビジネス鞄と言っても、ブリーフケース、ショルダーバッグ、トートバッグ、アタッシェケースなど、形だけでもいろいろなものがあります。ここではビジネスシーンに特化した鞄について、僕の考え方を紹介したいと思います。

現代の鞄は、時代の変化とともにさまざまタイプが生まれてきました。意外に難しい鞄選びでもっとも重要なことは、その人がどんな仕事をしているかということ。

千場流鞄選びの基準

BAG

会社のなかでの作業が多いデスクワークと、多くの人と接する機会が多い営業とでは、持つべき鞄が違ってきます。また、鞄のなかに何を入れるかでも、鞄の定義が異なるはずです。書類関係が中心なら、薄型のブリーフケースで問題ありませんが、PCを頻繁に持ち歩く場合は、衝撃に強い構造の鞄が必要でしょう。

もっと言うと、仕事中の主な移動手段も肝心です。クルマ移動が中心なら鞄の重さはあまり気になりませんが、電車に長時間乗る機会が多い人には重い鞄は向きません。最近増えている自転車通勤の人なら、手持ち・ショルダー・リュックの三通りの使い方ができる3WAYタイプが使いやすいはずです。

このように用途やシーン、移動手段などで持つべき鞄が違ってくるので、まずは自分にはどういうタイプの鞄が必要なのかを考えるといいでしょう。

インターナショナルスタンダードな鞄とは?

では、三十代以上のビジネスマンが持つべき鞄は、どういったものがいいのか？

素材は革、タイプはブリーフケースタイプがスタンダードでしょう。鞄という漢字が「革」に「包」と書くように、本来なら革製がベストだと思います。ただし、革の鞄は本体が重いため、中の荷物が多いと重くなる。しかし、使い込むほど味が出て、メンテナンスすれば長く愛用できるのが最大の魅力です。

また、ほかの素材と比べて、型崩れしにくいことも特徴です。ビジネスシーンで考えると、名刺交換の際に足許などに鞄を置いたとき、形が潰れてしまうよりも自立しているほうが格好がつく。しっかりした存在感を持つ革の鞄は、その人の象徴にもなり、相手に対して泰然自若（たいぜんじじゃく）とした印象を与えることができるのです。

このようにブリーフケースならどんなシーンにも対応できますが、ショルダーやリュックは、人前に出ることを考えれば、ビジネスシーンにはいささかトゥーマッチです。

鞄の色は黒か茶、そして形は時代や流行に流されないシンプルなものがいい。最近はさまざまな鞄がありますが、ビジネスシーンの中心にあるべきなのは、鞄を持つその人です。インターナショナルスタンダードなビジネス鞄にシンプルなタイプが多いのは、真面目さと落ち着きを演出しつつ、「中心はあくまでもその人本人」という考えでつくられているからです。

僕が二〇一二年からスタートさせた「ペッレ モルヒダ」というブランドは、落ち着いた雰囲気と質の高さを重視する大人が、満足して愛着を持って使えるようにつくっている鞄です。この鞄は、「優雅な船旅に持っていきたくなる上質で良質なバッグ」をコンセプトにしていますが、ムダな装飾を省くことでラグジュアリー感を出しつつも、鞄自体はそこまで主張していません。

機能面では、PCの収納に安心な緩衝材入りポケットやペンホルダーも付いているので、ビジネス鞄としてもおすすめできます。この鞄は熟練の職人による革漉き加工を施した革を使っているので堅牢性を誇っていますが、移動時にストレスを感じることがないようにと、約一・三kgという軽量になっています。

大人の男性が持つビジネス鞄は、クラシックで重いものがいいという意見もありますが、僕はその考えに否定的です。ビジネスシーンで使用する鞄である以上、重量面や機能面は重要であり、クラシックすぎるデザインは逆に異彩を放ってしまいます。

最近の主流になりつつあるナイロン製の鞄についてですが、「トゥミ（TUMI）」や「ブリーフィング」といったバリスティックナイロンを使っているタイプは、耐久性があります。とくに「トゥミ」や「ブリーフィング」は機能性もすぐれており、荷物と移動が多いハードなビジネスマンには最適の鞄でしょう。

また、控え目で真面目な印象を与えるデザイン性はビジネスとマッチし、スマートさを演出してくれます。僕が外資系投資会社に勤務していれば、控え目でスマートな「トゥミ」や「ブリーフィング」の鞄を持つと思います。

一点豪華主義的な発想はナンセンス

鞄に関する予算ですが、多少高くても一生使えることを軸に考えるべきです。しっかりとつくられている鞄は耐久性があるので、仕事のキャリアとともに退職するまで使えます。時計と同じように、何回も買い換えるよりも、長く使える鞄を買ったほうが経済的でしょう。

ただ、鞄だけ高級なものを持つ一点豪華主義的な発想は、非常にナンセンスなのでやめるべき。鞄だけがいいもので、ほかのものがみすぼらしいというのは、お金のない人が乗る高級外車と一緒で、逆にトゥーマッチです。

お金に余裕があり、それなりのステイタスがある一線級のビジネスマンであれば、「ヴァレクストラ（Valextra）」や「エルメス（Hermès）」の「サック・ア・デペッシュ」といった、高価な鞄を持っていても自然に似合うでしょう。それは、スーツやシューズなども含めた全体のコーディネイトがエレガントに統一されているからであって、一般の人が鞄だけ高級なものを持っていても、違和感が強調されるだけです。

鞄と長くつき合うためには

繰り返しになりますが、鞄や時計のように長年使えるアイテムは、減価償却できるので、少々高額でも、いいものを買っても損はないと思います。とくに革製の鞄は、使えば使うほど渋みを増してくるので、メンテナンスに気を配って長くつき合いたい。いいものを長く使うというスタンスは、鞄でも同じことが言えます。

革製の鞄は使ったあと、毎回手入れをするのがベスト。ただ、忙しいビジネスマンであれば、ムリに毎晩手入れをする必要はありません。月一回の手入れでも鞄は長持ちさせられるので、休日などに手入れをすることを習慣づければいいでしょう。

手入れの方法は、革にツヤを出すために柔らかい布でから拭きし、次にブラッシングで汚れを取り除く。そして仕上げとして、オイルクリームを塗れば完了。ブラシなどの専用道具を揃えるのは面倒だと思いますが、最低でも革鞄専用のオイルクリームくらいは持っておくほうがいいと思います。

革には油分が含まれていますが、空気や手で触れることで少しずつ油分が奪われ、乾燥してしまいます。乾燥すると革がひび割れを起こすことがあるので、月に一度のオイルクリーム・メンテナンスはとても重要。そして革は水に弱い素材なので、雨に濡れた場合などは、できるだけ早くから拭きして、汚れやシミを残さないようにするといいでしょう。手入れをすることで、自然と愛着も湧くはずです。

革製の鞄に比べると、ナイロン製鞄の手入れは簡単なので、そういう面でナイロン製を選ぶのもひとつの選択です。ただ、洗濯機で丸洗いすると表面のコーティングがはがれてしまうので、汚れが気になる部分は中性洗剤でやさしく落としてやり、しっかりと乾燥させて長く使えるようにするといいでしょう。

なお、鞄を長年使っているとカビが生えてしまったり、金具や持ち手などが壊れる場合もあります。そんなときはメーカーや、鞄専用のメンテナンス業者に任せるのもひとつの方法です。

本格的なメンテナンスは、素人がやるとかえって悪化させてしまうことがあるので、注意が必要です。メンテナンスの料金は鞄の大きさやブランド、修理の度合いによって異なりますが、大切な鞄を長く使うための必要経費として考えたら、その道のプロに任せるほうが安心だと思います。

第８章　男の愛用品ＡＢＣ図鑑

僕が愛用している、本質的にカッコいいもの

ここまで本書を読んでいただき、ビジネスシーンで身につけるべき、僕の思う「カッコいい」スタイルを少しはご理解いただけたでしょうか？

日本のビジネスマン、とくに中高年の人たちはファッション・リテラシーが低いと言われてきましたが、洋服を着るという文化が日本に入り一般化したのが明治のころだと考えると、百五十年ほどとまだ歴史が浅いことも大きいでしょう。

もしも、「俺はどうせダサいから」とあきらめている人がいるのであれば、それは間違いです。これまでは、インターナショナルスタンダードを知らなかっただけ。基礎知識がないのにカッコいい洋服を買おうと思うのは、運転免許を取らずにドライブの予定を立てるようなもの。その基礎知識はこの本で説明しています。

ファッションという言葉を難しく考えるのではなく、こういう服選びをすることが世界共通でのお洒落の「本質」であることを、ご理解いただきたいのです。

せっかくここまで「洋服を着る」ということについての基礎知識を説明してきたので、ここからはもっと細かい部分で、僕がいいと思うおすすめのブランドやアイテムを少しだけご紹介します。

ここには、スーツやスーツスタイルのときに使うアイテムだけに限らず、もう少し幅広い視野でセレクトしたアイテムを掲載しています。もちろん、「エコノミカル・ラグジュアリー（エコラグ）」な視点で、本当にいいものを価格に関係なく厳選していますので、ぜひご参考にしていただけたらと思います。

持ちものだけで人の価値が変わるわけではありませんが、人に与える印象をよりよくするための、絶妙なスパイスになるようなものばかりです。

また、アイテムだけに限らず、雑誌やウェブサイトも掲載してありますので、お時間のある方はぜひご覧ください。

BEAMS

ビームス

オーダースーツ 20万円（参考価格）／カスタムテーラービームス（ビームスF）

いままで何十着とビームスのスーツを着てきましたが、そのなかでも一番愛用しているのが、この「カスタムテーラービームス」というオーダーメイドのセクションで仕立てたスーツです。お客様の好みや体型に合わせて、スーツ生地800種のなかから約3〜4週間でつくることができ、長年の企業努力からなる適正価格がなんといっても魅力です。この生地は「バウアー・ローバック」という、イギリス製の上質なカシミア素材を使用。色柄は、ネイビー地にうっすらと入った上品なグレーストライプを選択。デザインは、三つボタン段返りに。肩はナチュラルショルダーで、パンツは1プリーツ。ビジネスシーンはもちろん、光沢のあるタイを合わせればパーティにも出席可能。これこそ長年着ることができるグローバルスタンダードな勝負スーツと言えます。

BELSTAFF

ベルスタッフ

ライダーズジャケット 26万円／ベルスタッフ（ベルスタッフ・ジャパン カスタマーサービス）

創業当時の1924年より、バイカーに人気のワックスドコットンによる撥水(はっすい)加工技術を生み出し、著名なレーサーたちに支持されてきたイギリスのラグジュアリーブランドが「ベルスタッフ」。近年では、ダニエル・クレイグやユアン・マクレガーなど、世界中のセレブリティから愛用されていることでも知られています。なかでも僕が愛用しているのが、映画『アウトローズ』のなかでデヴィッド・ベッカムが着用しているアウトロージャケットです。ベルスタッフの歴史をつくるシンボルとして長年引き継がれ、60年代のカフェレーサースタイルを再現。素材は、伝統的なハンドワックスカーフレザーのヴィンテージ加工。リングジップやダイヤモンドパターンのショルダーパッドなど、細部も凝っています。男性は、スーツかTシャツ＆デニムに革ジャンの両方が似合うのが僕の理想なんです。

B.R.SHOP

ビーアールショップ

オーダースーツ「千場別注モデル」17万7,000円（参考価格）／B.R.SHOP

最近、着用率が圧倒的に高いのが、ファッション関係者に支持されるセレクトショップ「B.R.SHOP」で仕立てたグレーのスーツ。すでに3着目になります。ここのスーツが人気を集める理由のひとつに、ほかのブランドとは異なるパターンがあります。従来のスーツとは違い、昨今主流の軽快なジャケパンのバランスになっているのです。ジャケットは丈（たけ）が短くコンパクトで、パンツは細み。だから、圧倒的にスタイルがよく見えます。肩は、丸みのある柔らかい雰囲気で着心地もしなやか。パンツは、腰回りに適度なゆとりがある2プリーツで裾幅17 cmのテーパードライン。サンプル着用時からしっくりくるフィット感のパターンを多数用意しているところも、魅力のひとつ。写真のスーツは改良を施した千場別注の最新モデル。ぜひお試しを！

CARTIER

カルティエ

（左）腕時計「カリブル ドゥ カルティエ ダイバー」SSケース、自動巻き、ラバーストラップ　90万2,500円、（右）腕時計「タンク ルイ カルティエ XL エクストラフラット」18KPGケース、手巻き、アリゲーターストラップ　161万円／ともにカルティエ（カルティエ カスタマー サービスセンター）

男性に欠かせない腕時計は、フォーマルスタイルに似合う2針のドレスウォッチと、それ以外のスタイルに合わせられるダイバーズウォッチの2本でいいというのが僕の持論。なかでも、この「カルティエ」の腕時計は、長年愛用できるタイムレスなエレガンスがあります。右は、1922年に誕生した「タンクルイ カルティエ」のエクストラフラットという最薄モデル。ローマ数字、手巻きのムーブメント、レイルウェイの分目盛など変わらぬ魅力を残しつつ、第一次世界大戦のルノー戦車の平面図から着想した「タンク」を現代に蘇（よみがえ）らせた1本です。左は、2010年に誕生した「カリブル ドゥ カルティエ」のダイバーズウォッチ。自動巻きムーブメント、300m防水、ねじ込み式ケースバックやリューズなど機能性にもすぐれた1本。究極の2本を選ぶとしたら、これらです。

CHAUMET

ショーメ

腕時計「ダンディ ウォッチ」18KPGケース、自動巻き、アリゲーターストラップ 185万円、リング「リアン・ドゥ・ショーメ」18KWG×ダイヤモンド×セラミック 12万8,000円／ともにショーメ（ショーメ）

「ダンディ」とは、身体的な見た目や洗練された弁舌、余暇の高雅な趣味に重きを置く男性のことと言われています。そんな「ダンディ」という、なんとも魅力的な名がつき、日焼けした腕を上品に見せてくれるピンクゴールドの輝きに惹(ひ)かれ愛用しているのが「ショーメ」の「ダンディ ウォッチ」です。「ショーメ」は19世紀から、モンテスキュー侯爵(こうしゃく)やマルセル・プルーストといった、モード、芸術、文学界のダンディな男性を魅了。この「ダンディ ウォッチ」は、こうした歴史に敬意を表し、すぐれた腕時計づくりの伝統と、大胆なモードの感覚が融合されています。洗練されたクッションケースとシンプルで美しいダイアル、その内部の複雑機構は、まさに特別な男性のためのエレガントな腕時計。美しい指輪と揃えて、特別な日のスーツスタイルに合わせるときに重宝しています。

DAMI

ダーミ

ワニ革ヴィンテージスニーカー 各16万円／ともにダーミ（ダーミジャパン）

「ダーミ」は1968年、イタリアのトスカーナで創業したワニ革を使用した靴のメーカーです。世界中のトップブランドに、最高級の鞣（なめ）し技術で知られる「ヘンロン」社のワニ革原皮を供給していることで知られています。なかでもお気に入りは、このワニ革スニーカー。新品でありながら、一見履き込んだようなヴィンテージっぽい見え方をするのが特徴。足あたりがよく、やさしく包み込むようにフィットするので、とても履きやすいんです。染色前のワニ革を裁断縫製し、アッパーを組み上げたあとに染色することにより独特な風合いも……。さらに、オパンケ製法により、ソールの張り替えも可能。スニーカーとはいえど、長く愛用できるという意味では、僕の哲学にもピッタリのスニーカーです。靴紐を平紐に変えると、また違った雰囲気で楽しめるのも魅力です。

ERMENEGILDO ZEGNA

エルメネジルド ゼニア

ジャケット「フィレンツェ（2015年モデル）」23万2,000円／エルメネジルド ゼニア（ゼニア カスタマーサービス）

生地、型紙、仕立て、デザイン。スーツやジャケットを構成する要素は、大きく四つに大別されますが、なかでも生地の重要性はきわめて高いもの。印象も着心地も、まずは生地次第。そんな生地メーカーとして興った歴史を背景に持つ、イタリア最高峰のラグジュアリーブランドが「エルメネジルド ゼニア」です。その生地は、世界中のテーラーたちが垂涎(すいぜん)の眼差(まなざ)しを向けることで知られています。そんな「エルメネジルド ゼニア」のなかでも僕が好きなのが、「フィレンツェ」シリーズのジャケットやスーツたち。ナチュラルショルダーで三つボタン段返りという普遍性を加味しつつも、細みのラペルで、着丈が短い現代的でコンパクトなシルエット。可動域が確保されたシャツ袖仕様だから着心地も抜群です。すでに2着所有。まさに理想のジャケットと言えます。

FOREVERMARK

フォーエバーマーク

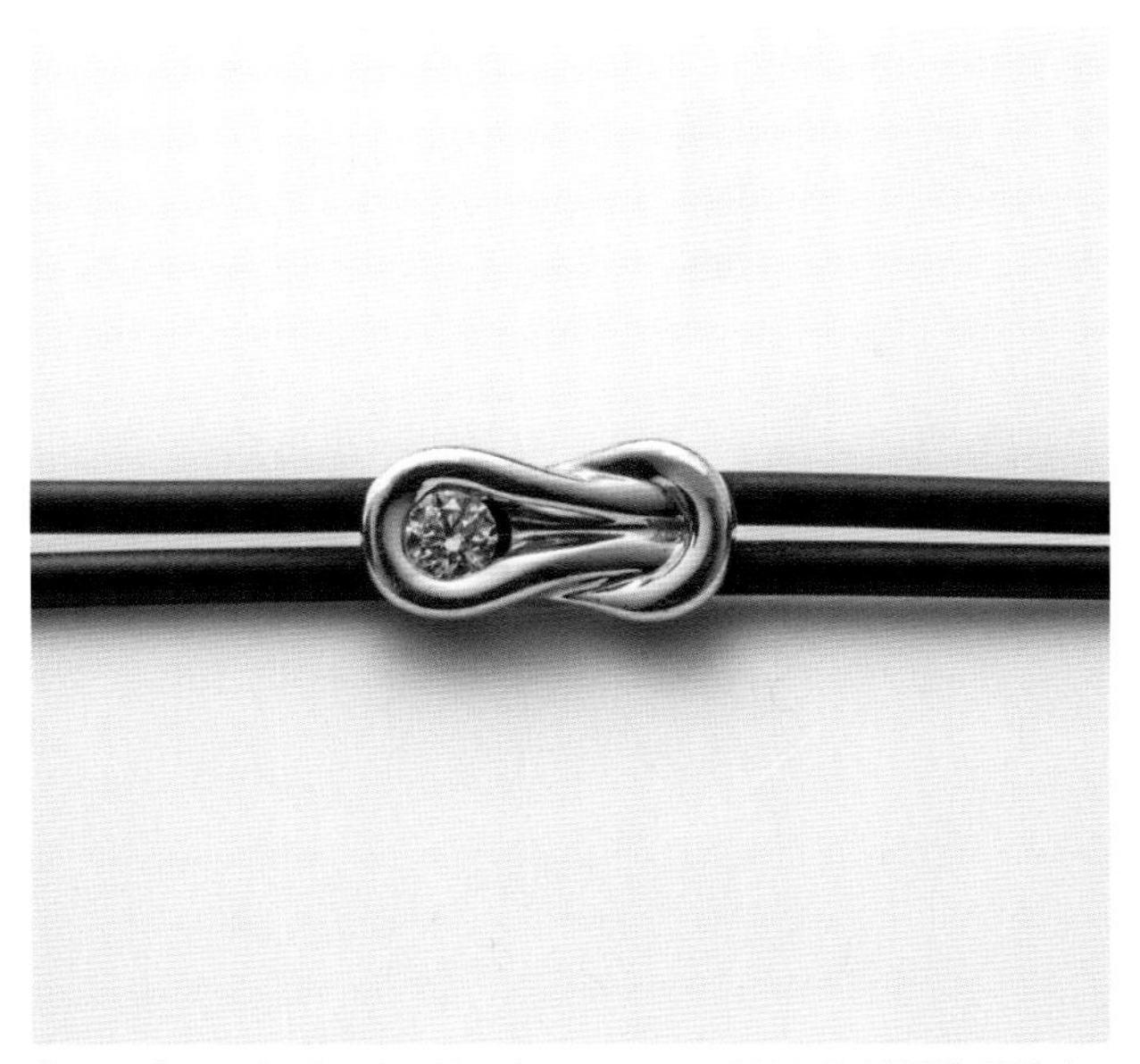

ブレスレット「エンコルディア®コード コレクション」18KWG×0.14ct～ダイヤモンド 中心価格帯8万円台／フォーエバーマーク

毎日愛用していると言えば、このダイヤモンドのブレスレット。品質が一貫して守られてきたことを保証する「フォーエバーマーク」の「エンコルディア」というシリーズのものです。「フォーエバーマーク」は、美しさへのこだわりはもちろん、鉱山から始まる旅の一つひとつの過程に、さまざまな厳しい基準を設定。熟練の職人の手から手へ大切に扱われてきたダイヤモンドには、手がけた人びとの愛情や情熱が詰まっています。「フォーエバーマーク」は、世界中のダイヤモンドの1%にも満たない、世界でもっとも厳選されたダイヤモンドです。まさに、多くの粗悪なものより少しのよいものをという僕の哲学と同じです。永遠に固く結ばれた絆(きずな)を意味するデザインモチーフも素敵です。一度結んだら外れないからこそ、大切な人と一緒にしていたいのです。

GREY GOOSE

グレイグース

ウォッカ。度数40%、容量700ml オープン価格／グレイグース（バカルディ ジャパン）

僕が愛飲してやまないのが、世界でいちばんおいしいと称される、フランス産のスーパープレミアムウォッカ「グレイグース」です。世界一の味わいをつくり出すために、メートル・ド・シェ（セラーマスター）が、すべての製造プロセスを管理し、高級ベーカリーが好む、甘味感じる最上級の軟質冬小麦を使用。さらに、グランシャンパーニュのライムストーンを通った湧き水を使用するという徹底ぶりで、その魅力から、あのカンヌ映画祭のパーティでもセレブリティたちに愛飲されているほど。おすすめはやっぱりマティーニ。通常よりも「グレイグース」の割合を多くし、オリーブではなくレモンツイストを使うのがポイント。「『グレイグース』のウォッカを、シェイクではなくステアで。レモンはツイスト！」なんてオーダーをすれば、あの方の気分に浸れますよ！

INCOTEX

インコテックス

(左)トロピカルウールのグレーパンツ「N35モデル」3万500円、(右)コットンストレッチの白パンツ「30モデル」3万3,000円／ともにインコテックス(スローウェアジャパン)

20年穿(は)き続けるパンツと言えば「インコテックス」。1951年にイタリアのヴェネツィアで創業した、世界最高水準のパンツブランドです。厳選された素材、高度な裁断縫製技術などが評判で、某一流ブランドのパンツをつくることでも有名。現在は、流行を超えた本物にこだわるブランドの集合体「スローウエアグループ」の中核をなしています。お気に入りはこの2本。左のグレーパンツは、トロピカルウールの「N35モデル」。お尻のボリュームのない日本人向けにヒップ位置を高く見せつつ、裾にかけてきれいにテーパード。右の白パンツは、コットンストレッチの「30モデル」。「N35モデル」と基本同じですが、フロントの持ち出しを比翼(ひよく)にして、ヒップポケットのボタンも省き、スポーティに見える設計に。グレーは色と素材を変えて6本。白は毎年買い足すのがお約束。

INDUSTYLE

インダスタイル

シャツ「干場別注モデル」各1万8,000円／ともにインダスタイル（丸和繊維工業）

1956年の創業以来、最高レベルの着心地にこだわる「丸和繊維工業」。そこが展開する日本製のニット生地を使ったシャツブランドが「インダスタイル」です。人間の皮膚こそ最高のストレッチ構造という考え方から、立体裁断よりも進化した動体裁断を採用。動体裁断とは、機能系被服デザイナーの中澤愈（すすむ）先生が人間の皮膚を解剖、解析し開発した理論で、前はセットイン、後ろはラグランという独自のスプリットショルダーを実現。運動を妨げない仕立てにすることで、肩もぐるぐる回せます。通常1インチのあいだに12本の糸を編み込むと“目が細かい”と言われますが、このシャツは通常の3倍の36本も編み込んだキメの細かさ。素材は綿58%・ポリエステル42%のクールマックスニットピケを採用し、パターン設計技術により抜群に動きやすい着心地を約束します。

JOHN LOBB

ジョンロブ

(左)シューズ「ガルニエ2」(シューツリー込み) 23万円、(右)シューズ「フィリップ2ダブルバックル」(シューツリー込み) 23万円、ベルト 7万円／すべてジョンロブ(ジョン ロブ ジャパン)

世界最高峰の靴と言えば「ジョンロブ」。1866年にロンドンで創業し、紳士の高級ブーツや靴をつくり続ける、世界中で人びとを魅了し続けるブランドです。190もの工程からなる靴づくりの姿勢から、1963年にはイギリス王室ご用達（ようたし）の靴職人にも任命されているほど。そんなジョンロブのなかでも、僕が愛用しているのがこの2足。どちらも、グッドイヤーウェルト製法で、ベベルドウエスト加工を施したプレステージラインのもの。右は、つねに売上げトップに入る最高級カーフ素材の「フィリップ2ダブルバックル」。金具には、気品あるローズゴールドを使用しています。ベルトも同じ金具です。左は、フォーマル時のために購入した、パテントレザー素材の「ガルニエ2」。極上のフィッティングと究極の造形美は、真のエレガンスを感じさせます。

KITON

キートン

ジャケット 58万円／キートン（キートン）

かつてヨーロッパ随一の栄華を誇り、富とともに、さまざまな文化が集中したイタリアのナポリ。そんなナポリで1969年に現オーナーのチロ・パオーネにより創業され、およそ半世紀脈々と最高のスーツをつくり続けてきたブランドが「キートン」。過去には、モデリストにチェザーレ・アットリーニ、製造にエンリコ・イザイア、さらにはルチアーノ・バルベラまでもが創生期を支えたと言えば、その層の厚みがわかるはず。なかでも僕が愛用しているのが、王道のネイビージャケット。芯地と服地の相性、アイロンによるならし、袖や肩、ボタンホールのかがりなど、着心地や着やすさのためにはいっさいの妥協を見せないのが特徴。世界でもっとも美しい服づくりを掲げる「キートン」のジャケットを着れば、イタリア最高の軽い着心地を理解できるはずです。

LORO PIANA

ロロ・ピアーナ

ビキューナのVネックニット 各56万円、ビキューナのストール 57万7,000円／すべてロロ・ピアーナ（ロロ・ピアーナ ジャパン）

世界最高級の素材を、イタリアを拠点に6世代にわたり絶えず探求し、もっとも要求の厳しいお客さまにラグジュアリーなライフスタイルを提供し続けるブランドが「ロロ・ピアーナ」です。そんななかでも、僕が愛用しているのが、世界でもっとも細く稀少とされる動物繊維を使った「ビキューナ」のニット。アンデス高地に生息するビキューナは、皇帝一族だけが使用を許されていましたが、一時期乱獲に遭い絶滅危惧に。そんな危機を救い、生産地や生産者の保護に力を注いだのが「ロロ・ピアーナ」なのだと、以前、当主にお会いしたときにうかがいました。そんな熱い思いが詰まった大切な素材を使った製品は、ヨットやポロ競技など顧客が求める上質なライフスタイルから創造されています。極上の製品からは、極上の物語が垣間見られるのです。

MIWA

ミワ

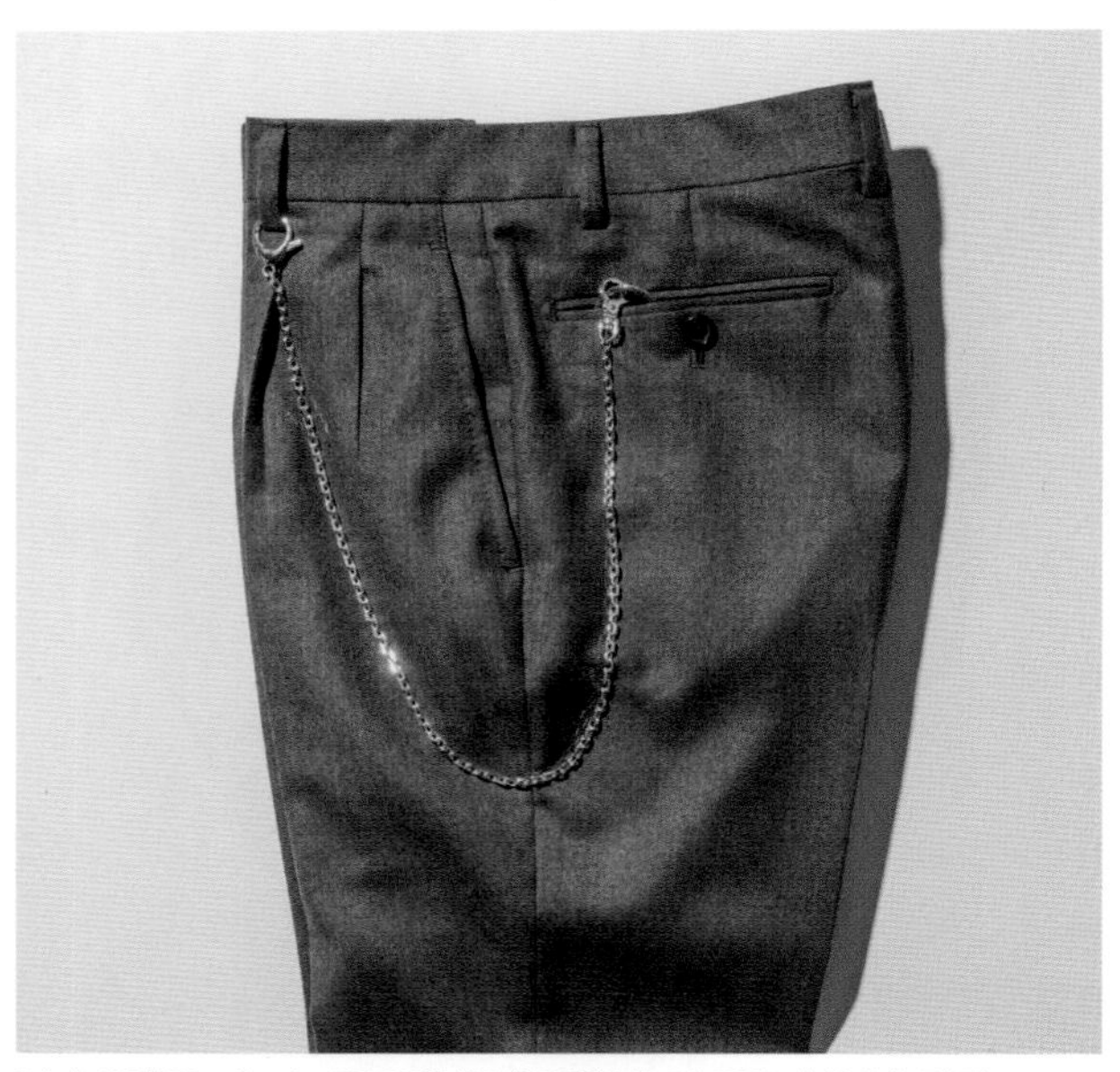

シルバー925製のキーチェーン 4万7,000円／ミワ（ミワ 銀座本店、エム フラテッリ オンラインストア）

ビジネススタイルからカジュアルスタイルまで、僕に欠かせないアクセサリーといえばキーチェーン。1904年創業の銀座を代表する老舗「宝石専門店 ミワ」のシルバー925製のチェーンです。「あずき」と呼ばれる美しい形状で、美しい4面カットが施されているのでキラキラ輝きます。ロジウムメッキ仕上げの加工も施しているので、酸化による黒ずみも防止。鎖の部分が丁寧に一つひとつ完全にロー付け加工されているので切れにくいのも特徴です。チェーン本体は約57 cm。長さがじつに絶妙で、ジャケットを着たときに少しだけ見えるバランスがすごく計算されているんです。ゴツすぎたり太すぎたり、なかなかいいものに巡り合わなかったのですが、メイド・イン・ジャパンの丁寧なモノづくりが実践されたこの逸品なら、大人の男性にも似合います。

NASSOW

ナッソー

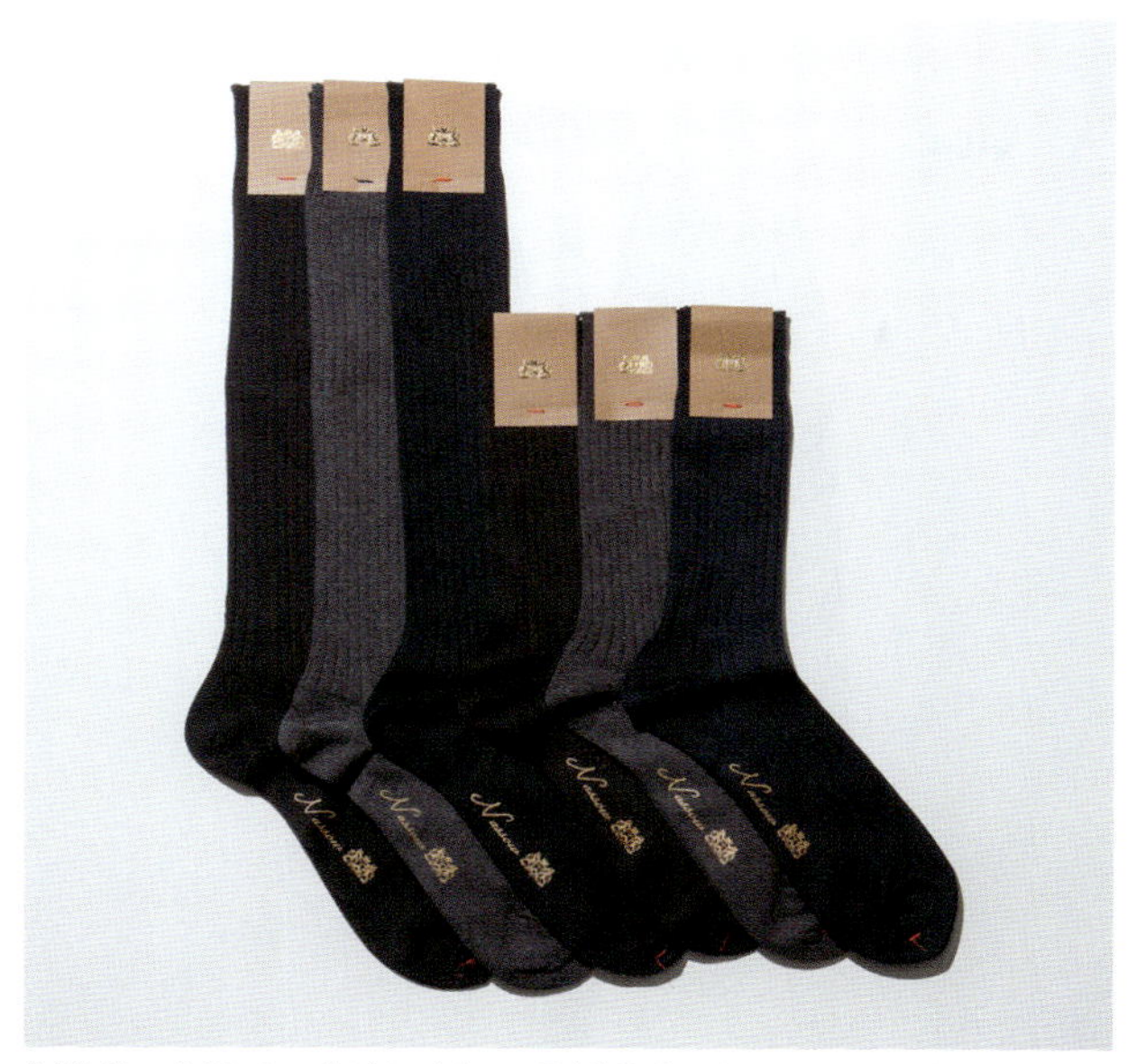

（左）黒・グレー・ネイビーのロングリブホーズ　各1,800円、（右）黒・グレー・ネイビーのショートリブソックス　各1,300円／すべてナッソー（アルマニャック、アルマニャック オンラインショップ）

腕時計や靴のように長く使えるものは高額品を買っても、清潔に着たいシャツやソックスなどの消耗品はコストパフォーマンスを重視するのが僕のスタイル。個人的には経済的に贅沢(ぜいたく)をするという意味でエコノミカル・ラグジュアリーと呼んでいます。そんな意味で"まとめ買い"するのが、この「ナッソー」のロングホーズです。素材は、丈夫で上質な光沢を生むシルケットコットンのリブ編み。履き口のゴム部分は、適度なテンションを持たせるため天然ゴムを採用。土踏まず部分は、しっくりなじませるためにアールがついた設計で、足裏にやさしくフィットします。つま先部分は、手作業で編み上げられたハンドリンキングにより、ゴロつきによる不快感もありません。気持ちいいので、結果履くのはこればかり。すね毛を見せないのが紳士の流儀ですから。

OLD ENGLAND

オールド イングランド

ネイビーブレザー 7万8,000円／オールド イングランド オム（ナイツブリッジ・インターナショナル）

「オールドイングランド」といえば、1867年にパリで生まれた歴史あるブランド。オーセンティックなイギリスアイテムにフレンチ的エッセンスを加えた洋服が特徴で、古きよきイギリスの紳士服を見本とした仕立てのよさにパリならではの遊び心を加えた洋服が揃います。そんな「オールド イングランド」が、9年ぶりにモダンになって復活したということで購入したのが、このダブルのブレザーです。特筆すべきは計算されたコンパクトなシルエット。通常よりもボタンのかけ合わせが狭く設計され、ダブル特有の横広がりに見えないのです。着丈もぐっと短くなったことで軽快でモダンな印象に。上質なウール素材は、軽量かつシワに対する復元力も高いので、ガンガン着ても大丈夫。グレーパンツから白パンツまで、汎用性の高さが魅力です。

PELLE MORBIDA

ペッレ モルビダ

(左)クラッチバッグ 2万5,000円、(右)2ルームのブリーフケース 5万8,000円/ともにペッレ モルビダ(ウエニ貿易)

ブランド名である「ペッレ モルビダ」は、イタリア語で「柔らかな革」の意味。船旅を楽しむような成熟した大人に向けて、僕がプロデュースした適正価格にこだわるバッグブランドです。厳選した素材を使い、丁寧なつくりと、シンプルで美しいデザインのメイド・イン・ジャパンの製品が特徴。シリーズのなかでも気に入って愛用しているのが、「キャピターノ」ラインのブリーフケースとクラッチバッグです。型押しレザーなので傷がつきにくく、内側には上質な手触りのスウェード調の生地を使用。すべての金具は金型から起こし、刻印を入れたオリジナルパーツを採用。引き手部分は厚みを持たせ、高級感が漂います。経年変化しにくい加工を施し、いつまでも輝き続けるのも魅力。いろんな方々に持っていただけたら幸いです。

SEIKO

セイコー

(左)腕時計「グランドセイコー(SBGC007)」SSケース、スプリングドライブクロノグラフ、ストップウオッチ機能、クロコダイルストラップ 81万円、(右)腕時計「アストロン(SBXB055)」SSケース(ピンクゴールド色メッキ)、ソーラーGPS衛星電波修正、デュアルタイム表示機能、ワールドタイム機能、シリコンストラップ 17万円/ともにセイコー(セイコーウオッチお客様相談室)

イタリア渡航90回をはじめとするヨーロッパ出張、豪華客船に乗っての地中海クルーズなど、海外に頻繁(ひんぱん)に行くようになり、日本人としてのアイデンティティということを見つめ直す機会が増えました。そんなときに出会ったのが、日本の誇るべき腕時計「セイコー」です。なかでも、思い入れあるのがこの2本。左は、最高峰の「グランドセイコー」。ぜんまいで動く機械式と水晶振動子で高精度を維持するクォーツ式のハイブリッドムーブメントであるスプリングドライブを搭載した1本。右は、GPS衛星から電波をキャッチし、地球上のどこにいても簡単な操作で現在地時刻を素早く表示する、世界初のGPSソーラーウォッチ「アストロン」です。日本人だからこそ、海外で勝負できる日本の時計を腕に。まさに侍魂(さむらいだましい)が詰まった腕時計です。

TAKIZAWA SHIGERU

タキザワシゲル

タキシード 23万円～（オーダー価格）／タキザワシゲル（タキザワシゲルギンザ）

僕がなりたいのは、スーツ、デニム＆Tシャツ、水着、そしてタキシードが似合うグローバルな男性。そんなふうに思うようになって20年。ようやく、これぞ着てみたいと思い誂え(あつら)たのがこのタキシードです。生地は、「タキザワシゲル」のオリジナルタキシードクロス。尾州(びしゅう)で織った非常に細い糸を使用し、高い密度で織り上げています。通常、裏面にくる面を表地に使うことで、絶妙な光沢感が出るのが特徴。日本人の骨格を研究してつくられたパターンは、段違いにスタイルをよく見せてくれます。肩パットを使用せず、芯地(しんじ)だけで構築的な美しいラインを形成。2015年11月には、銀座の並木通りに2号店となる「タキザワシゲルギンザ」をオープンした、世界に誇れる日本のモデリストである滝沢滋さんに仕立てていただいたお気に入りの逸品です。

TIFFANY.CO

ティファニー

腕時計「ティファニー CT60 クロノグラフ」SSケース、自動巻き、クロノグラフ 91万円、ブレスレット「ティファニー T スクエア ブレスレット」、18Kローズゴールド 70万5,000円、名入りのシルバーのカードケース 5万2,000円（ハンドエングレービング代別）／すべてティファニー（ティファニー・アンド・カンパニー・ジャパン・インク）

愛する女性を目の前に、指輪が入っている水色のギフトボックスを、男性が後ろ手に回し微笑んでいる。このロマンティックな瞬間を切り撮った広告を目にし、さらに大ファンになったのがアメリカのラグジュアリーブランドの「ティファニー」。なかでも愛用の小物が、この3点。ひとつは、第32代アメリカ合衆国大統領、F・ルーズベルトも愛用した腕時計を現代的に蘇らせた「ティファニー CT60」。ふたつ目は、「ティファニー T」コレクションのローズゴールドのブレスレット。三つ目は、自分のイニシャル「Y.H」と刻印したシルバーのカードケースです。以前、「ティファニー スイス ウォッチ カンパニー」の代表にインタビューしたとき、「エレガンスとは？」という質問をしてみたんです。「細かい部分にこそ、その人のスタイルと愛が見えるものです」と語っていたのをいまでも忘れないですね。

UNIVERSAL LANGUAGE

ユニバーサルランゲージ

ジャケット「干場別注モデル」2万6,000円（参考価格）、パンツ「干場別注モデル」1万3,000円（参考価格）／ともにユニバーサルランゲージ（ユニバーサルランゲージ渋谷店）

良質なものを適正価格で販売することで人気の「ユニバーサルランゲージ」に、干場別注でつくっていただいたのがこのスーツです。素材はストレッチジャージ。イタリアの某高級ブランドでも扱う確かな品質のものです。着心地がよくシワになりにくいのが特徴。ジャケットは、ナチュラルショルダーで短丈の三つボタンの段返り。パンツは2プリーツで、美しいシルエット。セットアップとしても着られます。ジャージというとどうしてもカジュアルに見えますが、これは普通のスーツと同じようにきちんと見えるのがキモ。色は、写真のグレーのほか、ネイビーと黒も用意。この着心地と着回し力で、上下3万9,000円というあり得ない価格に驚くはず。発売は2016年8月を予定。予約も受けつけています。僕は出張用に3着買います。詳細は、『FORZA STYLE』で。

WH

ダブルエイチ

（左）サイドゴアブーツ　4万8,000円、（中）ダブルモンクストラップ　4万6,000円、（右）プレーントゥシューズ　4万6,000円／すべてダブルエイチ（オリエンタルシューズ）

ビジネスマンに、もっと歩きやすくカッコいいい靴を履いてほしい！　そんな思いでシューズデザイナーの坪内浩さんと一緒につくったのが、この「WH（ダブルエイチ）」です。一番のポイントは、スーツに合うのに、履いていて楽なこと。スニーカー的なつくりを重視し、中敷きにカップインソールを入れています。ソールはクッション性の高いイタリアの「ビブラム」。脚が5cm長くなり、スタイルがよく見えるのがキモ。カーフはフランスの「アノネイ」。スウェードはイギリスの「チャールズ・F.ステッド」。金具は、日本を代表するジュエリーデザイナー吉田眞紀さんにつくってもらいました。やや長めのラウンドトゥに、張り出したコバで、裾幅17cmといった細みのパンツにもピッタリ。写真の3足のほか、計7足所有。一度履いたらやめられません。

ZANONE

ザノーネ

ポロシャツ 各2万3,000円、クルーネックニット 2万7,000円／すべてザノーネ（スローウェアジャパン）

イタリアならではのシンプルで美しいデザイン、厳選された上質な素材のニットやカットソーをつくることで、長年大ファンなのが、この「ザノーネ」。1986年の創業時より変わらない徹底したクオリティ管理への姿勢とセンスは、「インコテックス」を擁する「スローウェアグループ」に参画する同社ならでは。なかでもお気に入りはこの3枚。ポロシャツは、100％コットンの糸を強く撚ったアイスコットン素材。その名のとおり冷んやりサラサラした、接触冷感な肌触りが特徴。クルーネックは、シンプルなデザインながら細みのシルエットで、モダンに見えるのが特徴です。12ゲージの強撚糸を使用し、こちらもポロシャツ同様、サラッとしたドライなタッチ。どちらも高温多湿な日本の夏にピッタリの素材です。だから毎年必ず買い足しています。

EXTRA EDITION

番外編

「移り変わる流行より普遍的な美しいものを」
「多くの粗悪なものより少しのよいものを」。
干場の哲学が宿るさまざまな愛用品を紹介します。

AUDEMARS PIGUET

オーデマ ピゲ

1875年の創業以来、時計業界の歴史に革新とインパクトを与え続ける世界最高峰のマニファクチュール（時計工房）「オーデマ ピゲ」。37歳で独立し、自分の会社を立ち上げたときに、意を決して購入したのがこの「ロイヤル オーク」。機械式ムーブメントはもちろん、イギリス王立艦船の船窓に由来した八角形のベゼルに加え、ベルトの各パーツが1点1点丁寧に磨き上げられている、完成度の高い美しい一本です。

腕時計 私物／オーデマ ピゲ（オーデマ ピゲ ジャパン）

BOGLIOLI

ボリオリ

1890年代に創業し、伝統的なサルトリアーレの手法を継承し、つねに革新的な技術と時代を反映させた新しい発想で進化し続けているイタリアブランドが「ボリオリ」。数多くのスーツやジャケットを愛用していますが、なかでもお気に入りが、キャメル色が美しいカシミア素材の「K ジャケット」。肩パッド、芯地といった副資材を極力省いたアンコン仕立てで、柔らかく、まるでカーディガンのような着心地です。

ジャケット 私物／ボリオリ（ボリオリ 東京店）

BRIONI

ブリオーニ

1945年にイタリアのローマで創業し、世界最高峰の服づくりで世界中の大スターたちを魅了し続けてきたのが「ブリオーニ」。以前は、映画『007』にも衣装提供してきたといえば、そのスゴさはわかるはず。僕には、まだまだ身の丈（たけ）に合わないのですが、クロアチアにあるブリオーニ島で、スポーツの王様、ポロ競技を取材するときに急遽購入したのがこのセット。いつかはタキシードを着てみたいですね。

シャツ 私物、ボウタイ・カマーバンド 6万円（セット価格）／すべてブリオーニ（ブリオーニ ジャパン）

BRUNELLO CUCINELLI

ブルネロ クチネリ

1978年にニットウェアブランドとして創業したイタリアの最高峰ブランドが「ブルネロ クチネリ」。やさしい色使い、カシミアをはじめとした高級素材、手仕事へのこだわりなど、その魅力はたくさんありますが、特筆すべきは営利を第一目的とせず、働く職人たちを大切にしている点です。愛用品は多数ありますが、お気に入りはネイビーとグレー無地の７cm幅のネクタイ。春夏秋冬で素材を変え、毎日しています。

ネクタイ 各私物／ともにブルネロ クチネリ（ブルネロ クチネリ ジャパン）

CAMICIANISTA

カミチャニスタ

“理想のシャツ＝完璧なフィットと着心地、美しい襟を持つシャツ”を実現するために、イタリア人がノウハウを携えて中国にわたり、妥協なきモノづくりを実現させたのがこの「カミチャニスタ」。イタリアンクラシックのスタンダードを踏襲したデザイン、堅牢で上質な素材選び、マシンを利用した適度なつくりのよさなど、質・価格ともにバランスが取れています。お気に入りはブロードの白と水色で、10枚以上所有。

シャツ 各5,000円／ともにカミチャニスタ（カミチャニスタ）

CRUCIANI

クルチアーニ

1966年、ペルージャで創業し、モダンで洗練されたニットコレクションで知られるのが「クルチアーニ」。いまや世界中の名だたるショップで取り扱われているのですが、3,000もの色レシピのなかでも僕が愛用しているのがこの４枚。黒、グレー、ネイビーはタートルネック。右下の黒はカーディガンです。どれもチベット山羊の産毛部分のみを採取したカシミアに、シルクを30%ブレンドしたもの。上品な光沢で毛玉にもなりにくいので重宝しています。

タートルネック 各９万2,000円、カーディガン 10万2,000円／すべてクルチアーニ（クルチアーニ）

DE LA MER

ドゥ・ラ・メール

「日焼けしたら？」と皮膚科の医者に言われ、18歳の夏に３回皮が剥けたら完全にアトピーが治ってしまいました。それ以来、日焼けが趣味でして。とはいえ、ほとんど肌の手入れとかしなかったのですが、友人にすすめられ、唯一気に入って長年使い続けているのが「ドゥ・ラ・メール」の「クレーム ドゥ・ラ・メール」。そして、最近使いはじめた美容液「ジュネサンス ドゥ・ラ・メール ザ・セラム エッセンス」。お高いけど、最高です！

（左）「ザ・セラム エッセンス」30ml ７万円、（右）「クレーム ドゥ・ラ・メール」30ml １万8,000円／ともにドゥ・ラ・メール（ドゥ・ラ・メール お客様相談室）

エンジニアブーツ 私物

DOLCE&GABBANA

ドルチェ&ガッバーナ

デニムに合わせる靴のなかで長年愛用しているのが、イタリアブランド「ドルチェ&ガッバーナ」のエンジニアブーツ。オリジン好きの性格からすると、「レッド・ウイング」の「PT 83」という選択肢もあるのですが、少々骨太すぎ。本格的だけど、もう少し細筒なものがあればと思い、ミラノで10年前に購入しました。前後のソールは中野の「ミスターエマ」でビブラムにお直し。現在は取り扱いがないので悪しからず。

Webマガジン『FORZA STYLE』／講談社（http://forzastyle.com）

FORZA STYLE

フォルツァ スタイル

悲しいけど、大好きな雑誌が売れない時代に。そんななか「時代に合わせて、よりスピーディに手軽に読めるミドルエイジの媒体があってもいいのでは！」ということで2015年2月に創刊し、僕が編集長をやらせていただているのが講談社のウェブマガジン『FORZA STYLE』。「女性の本音で男は変わる」をテーマに、ファッションやクルマ、時計、グルメにマネーなど、毎日記事を更新していますのでぜひチェックを！

クルーネックTシャツ、VネックTシャツ 各私物／ともにギャップ（Gap フラッグシップ原宿）

GAP

ギャップ

腕時計や靴、鞄など、長年使えるようなものは高額でも、白いシャツや白いTシャツのように、つねに白いまま着たい消耗品は、なるべくコストパフォーマンスを重視するのが、僕のエコラグという考え方。その考え方にピッタリとハマり、長年愛用し、毎年購入しているのがアメリカブランド「ギャップ」のストレッチTシャツ。白はV、黒はクルーが好み。3,200円という価格も魅力で、購入した枚数は数知れず。

スーツ／ジョルジオ アルマーニ（ジョルジオ アルマーニ ジャパン）

GIORGIO ARMANI

ジョルジオ アルマーニ

1975年にスタートし、クラシック一辺倒だったメンズファッションに美しく柔らかな着心地の革新的なプロポーションを生み出し、世界の人を魅了し続けているのが「ジョルジオ アルマーニ」。18歳のころから好きで大人になるまで着るのをガマンしていたのですが、40歳を過ぎ、ようやく着られると思いオーダーしたのが「Made to Measure」のスーツ。たんなる黒ではなく墨黒。ならではのその着心地は別格です。

ベルト 各私物

HERMÈS

エルメス

1837年に馬具工房としてスタートし、ナポレオン3世からロシア皇帝まで、最高品質のモノづくりで世界の人びとを魅了するフランスの最高級ブランドが「エルメス」。なかでもお気に入りがこのベルトたち。非常に丈夫な革が使われ、ともに黒×茶のリバーシブルで、さまざまなシーンに似合うので、出張にも便利。下は遊牧民のトゥアレグ族が1点1点手彫りしているシルバー製。二つとして同じものはありません。

コート 私物／ヘルノ（ヘルノ プレスルーム）

HERNO

ヘルノ

1948年、イタリアのレーザにて創業した「ヘルノ」。誠実なモノづくりが特徴で、上品なダウンなどのアウターが、ここ近年日本でも人気を集めているブランドです。なかでも僕が愛用しているのが、このネイビーのトレンチコート。エポーレットにガンパッチなどのクラシックなトレンチコートのディテールはそのままに、ほどよくタイトなシルエット、そして肩のラインがイタリア的で、少し柔かさがあるのがポイントです。

ベルト 15万1,250円（オーダー価格）／ジャン・ルソー（ジャン・ルソー）

JEAN ROUSSEAU

ジャン・ルソー

以前、イタリアブランドの「ディノ・マティア」のベルトを購入したのですが、型押しのアリゲーター素材が気に入らず、本物のアリゲーター素材で「ジャン・ルソー」で特別にオーダーしてつくってもらったのがこのベルト。3点留めタイプで垂れ下がる部分だけ芯地を抜き、柔らかな表情にしているのがキモ。「ジャン・ルソー」は、有名腕時計ブランドにレザーストラップを供給していることで知られるフランスブランドです。

（上）「PH051E」私物、（下）「L.12.12」 1万2,000円／ともにラコステ（ラコステお客様センター）

LACOSTE

ラコステ

16歳のころ、上野のインポートショップ「玉美」で購入したフレンチラコステ（当時はそう呼ばれていました）のポロシャツが、「ラコステ」との出会い。何回着ても型崩れせず、美しい色がキープできるのがなんといっても魅力。ポロシャツの原点とも言うべき、定番の「L.12 .12」はもちろん、前立てや袖が細みにアレンジされた「PH051 E」もお気に入り。白は毎年、ネイビーは色落ちの濃度を変えて複数枚所有。

LOUIS VUITTON

ルイ・ヴィトン

地中海での船旅の帰りに荷物が増えてしまい……（笑）。ローマのお店で急遽購入したのが、シンプルで都会的なデザインが印象的なダミエ・グラフィットの「キーポル・バンドリエール55」です。言わずと知れた「ルイ・ヴィトン」のなかでもアイコン的なボストンバッグは、まさにタイムレスでエレガントな存在。大容量かつ軽量で機能的。取り外し可能なレザーストラップつきで、肩にかけても使用可能です。

ボストンバッグ　19万1,000円／ルイ・ヴィトン（ルイ・ヴィトン クライアントサービス）

MOORER

ムーレー

1999年にイタリアのヴェローナで創業したアウターブランドが、この「ムーレー」。ダウンパーカーも持っているのですが、出張に便利と思って購入したのがこのネイビーのコートです。なんといってもその魅力は撥水性に富む上質なナイロン素材を使用しつつ、ジャケットの上に着られるチェスタータイプということ。シルエットやディテールも美しく、着丈は膝上（ひざうえ）丈なので、ビジネス&カジュアルの兼用も可能です。

コート 私物／ムーレー（パルテンツァ）

MOSCOT

モスコット

4世代にわたり続く眼鏡専門店で、100年近くものあいだ、アイウェアに関わってきたアメリカブランドの「モスコット」。創業は1915年。そのころから変わらないデザインがこの「レムトッシュ」です。お気に入りはこの3本。黒には薄いグレー、ブラウンには薄いブルーのレンズを表参道の「ブリンク」というお店で入れてもらいました。上は、さらにクリップオン仕様で濃いレンズを装着し、サングラスとしても併用しています。

メガネ 各私物／すべてモスコット（MOSCOT TOKYO）

PATRICK

パトリック

フランス代表の元主将であるサッカー選手、ミッシェル・プラティニが愛用していたことでも有名なフランスのスニーカーブランドの「パトリック」。このたび、ある方のご縁により、僕が「クルーズライン」をプロデュースすることになりまして……。その記念すべき一足がコレです。限りなくシンプルなデザインで、コバの張り出したデザインと厚めのソールが特徴。2016年1月のピッティで発表しました。履くのが楽しみな一足です。

スニーカー 私物／パトリック（カメイ・プロアクト）

PENHALIGON'S

ペンハリガン

20年前、ミラノを散策しているとき、ふと立ち寄ったお店で見つけ、嗅いだ瞬間、圧倒的な気品の高さと落ち着きを感じ購入したのが「ペンハリガン」との出会い。なかでもお気に入りは「ブレナムブーケ」。イギリス王室ご用達で、マルボロ公爵がかつて暮らしていたブレナム宮殿から名をとった伝統的な香りです。マルボロ公爵の子孫であり、そこで生まれたチャーチル首相のお気に入りとしても知られています。

香水 私物／ペンハリガン（ブルーベル・ジャパン）

PERSOL

ペルソール

17年前。『エスクァイア日本版』編集部を辞めて、『LEON』の創刊に携わるときに、大好きな先輩から記念にもらった折り畳み式のサングラスが「ペルソール」との出会い。イタリアに行くと、カッコいいなと思うイタリア人の男性たちが、ほとんどこの「ペルソール」をかけていることを知り、それ以来ファンになりました。最近のお気に入りはこの2本。上はティアドロップ。下はセルとメタルのコンビで、折り畳み式。

（上）サングラス、（下）メガネ 各私物／ともにペルソール（ペルソール事業部）

RAY-BAN

レイバン

17歳のころにアメ横の「アメ松」というお店で買った「ウェイファーラー」が最初。黒フレームで「G 15」という独特のグリーンレンズが印象的な「レイバン」を象徴する一本。それ以来、色や型を変えて15本ぐらい購入してきました。最近のお気に入りはこの3本。上がツヤ消しマットブラック。中央がカスタムオーダーでつくったブルーレンズのティアドロップ。下が全部黒のティアドロップ。普遍的な魅力が詰まっています。

（上）サングラス 2万2,000円、（中）サングラス 2万4,000円（カスタム内容により異なる）、（下）サングラス 2万円／すべてレイバン（ミラリ ジャパン）

ROLEX

ロレックス

20歳のころ。自分のなかで最初に手に入れた思い入れのある時計がこの「ロレックス」の「サブマリーナー」。当時は高いものが買えず、時計通の先輩編集者にとんでもない破格で譲ってもらった記憶があります。時代を超える完成されたデザイン、ガシガシ使っても壊れない耐久性、さまざまなスタイルに合う汎用性の高さが、なんといっても魅力。1本しか持てないといったら、迷わずコレを選ぶと思いますね。

腕時計 私物

デニム、ベルト 各私物

RRL

ダブルアールエル

数多あるアメリカブランドのなかでも、高校生のころから大好きなブランドのひとつが「ラルフ ローレン」。パープルレーベルをはじめ、ブラックレーベルといった、さまざまなラインがありますが、アメリカ的なカントリースタイルを感じさせてくれることで気に入っているのが「ダブルアールエル」。なかでも、骨太なブルーデニムと、身に着けるほど味わいが増すレザーベルトは、とくにお気に入りです。

雑誌『SETTE MARI』/晋遊舎(晋遊舎)

SETTE MARI

セッテ・マーリ

4年前に地中海へ船旅に行ったことで、僕が好きな成熟した大人の装いは普遍的であることに気づきました。そんなスタイルと船旅の魅力を伝えたいと思って創ったのが『Sette Mari(セッテ・マーリ)』。創刊号の特集「ひとりでお洒落よりふたりで素敵」というのは、いまだ変わらず僕のなかにあるテーマ。残念ながら3号目はまだ出せないけど、いつか必ず続きを編集したいと思っています。スポンサー求む!

シューズ 私物/トッズ(トッズ・ジャパン)

TOD'S

トッズ

あのボコボコとした突起のソールの靴で、世界的に有名になったイタリアを代表するラグジュアリーなライフスタイルブランド、「トッズ」のドライビングシューズも、僕の大好きな逸品のひとつ。センスのいい装い方はもちろんのこと、その言動、ライフスタイル、センス、やさしさ、温かさ、男しての大きさ、すべてが尊敬できるディエゴ・デッラ・ヴァッレ会長兼CEOこそ、僕が尊敬しているイタリアの男性のひとりです。

FM TOKYOは12時〜、FM OSAKAは18時〜、FM AICHIは11時〜放送中!

WORLD CRUISE

ワールドクルーズ

ラジオ未経験だった僕に、メインパーソナリティという大役を与えていただき、毎週土曜日に3年間もやらせていただいているラジオ番組が『SEIKO ASTRON Presents World Cruise』。毎月、三浦雄一郎さんや夏木マリさん、石田純一さんといった豪華ゲストを迎え、船旅や旅の魅力をクルーズコンシェルジュとして活躍されている保木久美子さんと一緒に語っております。よかったら聴いてくださいませ。

BRAND LIST

［問い合わせ先］

［ア］
アルベスティ ジャパン
☎03-5412-1500

アルマニャック
☎03-5469-1051

アルマニャック
オンラインショップ
http://tie.thebase.in/

ウエニ貿易
☎03-5815-5720

エム フラテッリ オンラインストア
http://mflli.shop-pro.jp/

オーデマ ピゲ ジャパン
☎03-6830-0000

オリエンタルシューズ
☎0743-55-1113

［カ］
カメイ・プロアクト
☎03-6450-1515

カミチャニスタ
http://camicianista.com

カルティエ
カスタマー サービスセンター
0120-301-757

キートン
0120-838-065

Gap フラッグシップ原宿
☎03-5786-9200

クルチアーニ
0120-383-651

［サ］
ジャン・ルソー
☎03-6280-6721

ショーメ
☎03-5635-7057

ジョン ロブ ジャパン
☎03-6267-6010

ジョルジオ アルマーニ ジャパン
☎03-6274-7070

スローウェアジャパン
☎03-5467-5358

セイコーウオッチお客様相談室
0120-061-012

ゼニア カスタマーサービス
☎03-5114-5300

［タ］
タキザワシゲルギンザ
☎03-3573-4566

ダーミジャパン
☎03-3462-2345

ティファニー・アンド・カンパニー・ジャパン・インク
0120-488-712

ドゥ・ラ・メール お客様相談室
☎03-5251-3541

トッズ・ジャパン
0120-102-578

［ナ］
ナイツブリッジ・インターナショナル
☎03-5798-8113

［ハ］
バカルディ ジャパン
☎03-5843-0672

パルテンツァ
☎03-6427-4383

ビームスF
☎03-3470-3946

B.R.SHOP
☎03-5414-8885

フォーエバーマーク
☎03-5423-7550

晋遊舎
☎03-3518-6861

ブリオーニ ジャパン
☎03-3234-0022

ブルネロ クチネリ ジャパン
☎03-5276-8300

ブルーベル・ジャパン
☎03-5413-1070

ベルスタッフ・ジャパン カスタマーサービス
☎03-5537-8214

ペルソール事業部
☎03-6427-2980

ヘルノ プレスルーム
☎03-6427-3424

ペッレ モルビダ オンラインストア
http://www.pellemorbida.com/

ボリオリ 東京店
☎03-6256-0297

［マ］
丸和繊維工業
☎03-6658-8531

ミスターエマ
☎03-3385-7284

ミラリ ジャパン（レイバン）
☎03-5428-1030

ミワ 銀座本店
☎03-3572-5011

MOSCOT TOKYO
☎03-6434-1070

［ヤ］
ユニバーサルランゲージ渋谷店
☎03-3406-1515

［ラ］
ラコステお客様センター
0120-37-0202

ルイ・ヴィトン クライアントサービス
0120-001-854

ロロ・ピアーナ ジャパン
☎03-3263-8243

※愛用品のなかには、すでに販売が終了しているものもございます。
※市況により価格が変動する可能性がございます。
※価格はすべて、税抜価格での表示になります。

おわりに

僕は、父、祖父、曽祖父と三代続くテーラーの息子として生まれました。幼少期の遊び場であった縫製工場には、英国生地やイタリア生地のスワッチ（見本帳）、一九七〇年代や八〇年代のスーツスタイルの写真やイラストなどが雑多に置かれていました。

人は親の背中を見て育つと言いますが、その父親が生地を裁断したり縫製したりしている姿が、僕のファッションへの興味の入り口だったのかもしれません。すでに幼稚園の入園式には三つ揃えのネイビーストライプのスーツを、小学校の入学式にはネイビーのフランネル素材でダブルのブレザーをつくってもらっていました。他人からは「英才教育」だとか言われますが、本当は友達と同じようにナイキのTシャツを着たい普通の子どもでした。ただ、父がいつも着ていた、いまでも忘れられない美しいミディアムグレーのスーツや、僕が二十歳の記念に仕立ててもらったネイビーのスーツは、いまの僕を形成した大きな要因であるのは間違いありません。

本格的に洋服に興味を持つようになったのは中学生のころ。大親友になった、のちに「ナンバーナイン」というブランドでパリコレにも進出し、現在でも活躍するデザイナーの宮下貴裕（たかひろ）くんの影響でした。当時は、彼と一緒に『ファッション通信』というテレビ番組やファッション雑誌を見て、東京中のあらゆる洋服屋に行っていました。こういう出会いは誰にでもあるとは思いますが、僕の場合はそれが宮下くんでした。二十歳になるころには、宮下くんとは何か違う形でファッションに携わるような人物になりたいという思いが芽生え、編集者を志したのです。

二十歳で編集者になってからは、本当にいろいろな経験をさせてもらいました。編集部から編集部へと関わる雑誌は変わっていきましたが、イタリアをはじめ、フランスやスイスなど、いろいろな国へ何十回と行かせていただき、いろいろな先輩方々、そしていろいろな洋服と関わることができました。その後、宮下くんはデザイナーとして、僕は編集者として海外コレクションに行くようになりました。父のテーラーは継ぎませんでしたが、スーツを仕立てることや洋服の素晴らしさを知るようになり、本文でご紹介した素晴らしい方々とも知り合うことができました。「偶然は必然である」という言葉がありますが、僕のこれまでの人生もまさにそう。生まれた環境、さまざまな人との出会いや経験。そうして干場義雅という人間ができているのだということを、最後にここで説明したいと思います。

ここまで、僕の考えるビジネスシーンでのスタイルを中心に、インターナショナルスタンダードな装い、美しく見えるための基準やそのやり方などを紹介してきましたが、僕のアドバイスを必ず実践してほしいというわけではなく、ご自身のスタイル確立や、今後の生き方の参考にしていただけたら幸いです。世界では、ベーシックなものがスタンダードであり、ビジネスではそういう装いをするのが基本です。そして、重要なのは洋服もさることながら、本当に大事にしなければならないのは自分自身だということ。着る人、本人の魅力こそが大事で、その本人を引き立たせてくれるものが洋服であり、お洒落（しゃれ）の本質、スタイルだと思うのです。だからこそ、洋服はベーシックで控え目。そして、時代によって少しずつベーシックを進化させていくことが大事なのです。それから「エコノミカル・ラグジュアリー（エコラグ）」ということ。本当にいいものを長く使い、無駄なお金は使わない。それは物事の本質を見極めることが大切だということなのです。

僕はブルース・リーが好きです。彼は幼少期より学んだカンフーに、ボクシングやレスリング、サバット、柔道、合気道など、さまざまな国の格闘技の要素を採り入れ、そのなかから最短の動き（エコノミカル・モーション）で相手を倒す方法を見つけました。そして截拳道（ジークンドー）という武道のみならず、生き方を表す思想をつくり上げ、いろいろな人に伝えたのです。格闘技とお洒落。進む道は違えど、僕が考えていることも同じです。より最短の時間でお洒落の本質を知っていただき、より多くの人に素敵になっていただき、少しでも人生を豊かに過ごしていただければ幸いです。人生は、誰にでも一度きりなので。

最後に、本書を刊行するにあたり、ご尽力いただきましたPHP研究所の第二書籍制作局次長・山岡勇二氏、広告部長・高塚正則氏、編集者の遠藤俊明氏、村上広大氏、出版プロデューサーの上田純子氏、並びに、素敵な写真を撮ってくださいました冨楽和也氏、久保田育男氏、そしてご協力いただきました各ブランドの方々、そして長年応援してくださるすべての方々に、この場をお借りして心よりお礼申しあげます。本当にありがとうございました。

編集協力：株式会社EditReal　☎03-6804-7240

写真：冨樂和也 P.1～8、久保田育男（OWL）P.170～200

ヘアカット：越智めぐみ（アルファラン）P.1～8　☎03-6450-6583　http://alfalan.info/

干場義雅［ほしば・よしまさ］

ファッションディレクター
1973年、東京都生まれ。『POPEYE』で読者モデル、BEAMSでセールスを経験後、出版社に勤務。『MA-1』『モノ・マガジン』『エスクァイア日本版』を経て、『LEON』創刊に参画し、ちょい不良（ワル）ブームをつくる。その後、『OCEANS』創刊時の副編集長兼クリエイティブディレクターとして活躍。2010年、ファッションディレクターとして独立。12年、㈱スタイルクリニックを設立し、代表取締役に。現在はテレビ、ラジオに加え、ブランドのプロデュースやトークイベントなど、メディアの枠を超えて活躍中。40代向けウェブマガジン『FORZA STYLE』の編集長も務める。

世界のエリートなら誰でも知っているお洒落の本質

PHP新書1040

スーツの着こなし術から世界の一流品選びまで

二〇一六年四月二十八日　第一版第一刷

著者――干場義雅
発行者――小林成彦
発行所――株式会社PHP研究所
東京本部――〒135-8137　江東区豊洲5-6-52
新書出版部　☎03-3520-9615（編集）
普及一部　☎03-3520-9630（販売）
京都本部――〒601-8411　京都市南区西九条北ノ内町11
組版――小泉智稔＋池田裕樹
装幀者――芦澤泰偉＋児崎雅淑
印刷所
製本所――図書印刷株式会社

ISBN978-4-569-83013-1

ＰＨＰ新書刊行にあたって

「繁栄を通じて平和と幸福を」(PEACE and HAPPINESS through PROSPERITY)の願いのもと、ＰＨＰ研究所が創設されて今年で五十周年を迎えます。その歩みは、日本人が先の戦争を乗り越え、並々ならぬ努力を続けて、今日の繁栄を築き上げてきた軌跡に重なります。

しかし、平和で豊かな生活を手にした現在、多くの日本人は、自分が何のために生きているのか、どのように生きていきたいのかを、見失いつつあるように思われます。そして、その間にも、日本国内や世界のみならず地球規模での大きな変化が日々生起し、解決すべき問題となって私たちのもとに押し寄せてきます。

このような時代に人生の確かな価値を見出し、生きる喜びに満ちあふれた社会を実現するために、いま何が求められているのでしょうか。それは、先達が培ってきた知恵を紡ぎ直すこと、その上で自分たち一人一人がおかれた現実と進むべき未来について丹念に考えていくこと以外にはありません。

その営みは、単なる知識に終わらない深い思索へ、そしてよく生きるための哲学への旅でもあります。弊所が創設五十周年を迎えましたのを機に、ＰＨＰ新書を創刊し、この新たな旅を読者と共に歩んでいきたいと思っています。多くの読者の共感と支援を心よりお願いいたします。

一九九六年十月

ＰＨＰ研究所